A ReOperação do Texto

Coleção Debates
Dirigida por J. Guinsburg

Equipe de Realização – Edição de Texto: Luciana de Almeida Tavares; Revisão: Luís Fernando dos Reis Pereira; Produção: Ricardo W. Neves, Sergio Kon e Raquel Fernandes Abranches, Luiz Henrique Soares, Elen Durando e Mariana Munhoz

haroldo de campos
A ReOPERAÇÃO DO TEXTO

OBRA REVISTA E AMPLIADA

 PERSPECTIVA

Copyright © Ivan P. de Arruda Campos e Carmem de P. Arruda Campos, 201

CIP-Brasil. Catalogação na Publicação
Sindicato Nacional dos Editores de Livros, RJ

C21r
2. ed.

    Campos, Haroldo de, 1929-2003
    Reoperação do texto : obra revista e ampliada / Haroldo de Campos. – 2. ed. – São Paulo : Perspectiva, 2013.
    208 p.;   (Debates ; 134)

    Inclui bibliografia
    ISBN 978-85-273-0978-3

    1. Literatura – História e crítica. I. Título. II. Série.

13-01209   CDD:809
                                                         CDU: 82.09

20/05/2013   20/05/2013

Direitos reservados à

EDITORA PERSPECTIVA S.A.

Av. Brigadeiro Luís Antônio, 3025
01401-000 São Paulo SP Brasil
Telefax: (11) 3885-8388
www.editoraperspectiva.com.br

2013

*Wer nicht Partei ergreifen kann,
der hat zu schweigen.*

WALTER BENJAMIN

SUMÁRIO

Nota Prévia 11

1. TEXTO E HISTÓRIA 15
2. O TEXTO-ESPELHO (POE, ENGENHEIRO DE AVESSOS) 27
3. O TEXTO COMO PRODUÇÃO (MAIAKÓVSKI) 47
4. O TEXTO COMO DESCOMUNICAÇÃO (HÖLDERLIN) 95
5. *DIÁBOLOS* NO TEXTO (SAUSSURE E OS ANAGRAMAS) 109
6. HAGOROMO: PLUMAS PARA O TEXTO 125
7. DO TEXTO MACARRÔNICO AO PERMUTACIONAL 137

8. UMA ARQUITEXTURA DO BARROCO 149
9. RUPTURA DOS GÊNEROS NA LITERATURA LATINO-AMERICANA 161
10. MALLARMÉ NO BRASIL 199

Bibliografia 205

NOTA PRÉVIA

Este livro pertence à modalidade de crítica que Baudelaire chamava *parcial*, a única que verdadeiramente lhe interessava (como ainda há pouco recordavam, coincidentemente, Octavio Paz em seu *Los Hijos del Limo* e Robert Greer Cohn em "Nodes"). Melhor do que ninguém, definiu-a Walter Benjamin num aforismo (de "A Técnica do Crítico em 13 Teses"): "Quem não é capaz de tomar partido, deve calar".

A operação do texto, aqui, é um exercício jubilatório. Quando tantos classificam e esquematizam, é bom que alguém ou alguns restituam à crítica sua dimensão heurística. *Intelletto d'amore* – Dante *dixit*. Não por acaso este livro começa com uma "provocação" sincrônica à história. O que não quer dizer voltar-lhe as costas, proposição absurda, mesmo porque todo *fazer*, ainda que no seu polo de negatividade crítica, é por si historial. Antes, é por uma radicalização do pensar histórico que se pode cogitar da possibilidade de repensá-lo na sincronia relativizadora do particípio presente.

Por outro lado, em matéria de literatura, é sempre bom colocar-se, de quando em quando, a diacronia em pânico.

"O pulo tigrino no passado", como o descreveu Walter Benjamin com faro dialético. Tratamento de cura preventiva contra o respeito reverencial dos historiadores de ofício. Que sempre virão outra vez arrumar nas prateleiras os autores e obras temporariamente deslocados dos nichos "gloriosos", pois têm ouvidos à prova de abalos sísmicos, paciência cadaverosa e uma suspicácia vaticana diante do milagre.

Exercitar, portanto, ao menos como experiência do avesso, a atitude oposta, quando não mais, dá o gosto da *katharsis*. E antes que a acusação de *formalista* se desenhe no ar, deixemos falar o russo Vozniessiênski, que lembra, num dos seus poemas (de implícito matiz maiakovskiano), que essa palavra acode sempre à boca dos *formolistas*...

A tradução percorre esta *Operação do Texto*, como um dispositivo que a desencadeia ou uma prática que a desdobra. Tradução como transcriação e transculturação, já que não só o texto, mas a série cultural (o "extratexto" de Lotman) se transtextualizam no imbricar-se subitâneo de tempos e espaços literários diversos. O modo da construção (retroconstrução à Poe, linha de montagem e *feedback*), o modo da produção (tecnologia poemática e programação do encargo social, à Maiakóvski) e o da desconstrução (Hölderlin, a descomunicação, semioticidade alta) surgem como os elos enleados de uma unidade tripartita, constituindo, no livro, a configuração de base (trialógica) *via* tradução.

Outros focos, outros enfoques: o nô japonês, macarrônicos e permutacionais italianos, a ramagem do barroco (perene) na pérgula da História... A contrapelo, um excurso teórico: Saussure, anagramas, o diabo no texto. Proporei aqui uma equação à maneira de *ex-libris:* Saussure (anagrama) está para Peirce (diagrama) como ambos para Fenollosa/Pound (ideograma). Homologias fônicas, homologias sintáticas (coreografia logopaica), homologias visuais. Dessa conjunção irradiante pode decorrer toda uma *Ars Poetica*. Transcodagem. Tropismo. Tradução.

São Paulo, jul. 1975.

*Wir haben umzulernen, – um endlich,
vielleicht sehr spaet, noch mehr zu
erreichen: umzufuehlen.*

(*Temos que pôr o aprender ao revés,
– para afinal, quiçá muito tarde,
conquistar mais ainda: uma re-versão
da sensibilidade.*)

NIETZSCHE

1. TEXTO E HISTÓRIA

O estatuto do historiador literário brasileiro é, por assim dizer, um estatuto dilacerado e dilacerante. Confrontado com um panorama diacrônico onde são raros os momentos de altitude, este historiador oscila entre a melancolia do profissional que não encontra um objeto satisfatório para o exercício de seu *métier* e a indulgência do fideicomissário que procura valorizar os bens sob sua custódia. A primeira atitude é frustrante e paralisadora; a segunda implica um quase requerimento de moratória a prazo indeterminado, para que o legado literário em exame seja considerado à luz menos rigorosa de uma situação contextual que lhe é por definição adversa (tratar-se-ia de um ramo secundário de uma árvore secundária, a literatura brasileira, esgalho da portuguesa) e, assim, contemplado sob a espécie da benevolência e da compassiva compreensão. Este esquema bipolar, trabalhado por impulsos desacordes, afinal se concilia por uma solução ritual, que antes diz respeito à liturgia do que ao objeto da indagação: é necessário criar um *corpus* da literatura brasileira para a integração curricular, e é nesta emergência que – como salientou uma vez Décio Pignatari – o historiador literário brasileiro, em lugar de proceder como Confúcio na anedota exemplar recontada por Ezra Pound (isto é, reduzir três mil odes a trezentas, para o fim de definir uma antologia realmente básica), infla uma dezena de bons autores em uma centena ou mais de literatos subalternos. Ou então (quando não paralelamente) subscreve com temor reverencial as partilhas herdadas de autores "maiores" e "menores" e as escolhas consuetudinárias das peças de florilégio, permitindo-se apenas uma discreta margem de divergência em relação ao cânon constituído. Satisfazem-se assim os currículos e povoam-se os livros didáticos, mas em contraparte esvai-se o sentido criativo, a qualidade (a informação original) é anulada, quando não simplesmente excluída (o caso de Sousândrade, de Qorpo Santo e outros), no confronto com a repetição estereotipada e a morna indiferenciação. Volta a melancolia da "literatura menor", o exercício nostálgico da crítica por "honra do ofício", por desobriga até da "consciência infeliz" ante a fatalidade do legado e o imperativo ético-ideológico de assumi-lo.

Contra este estado de coisas, que se reflete em maior ou menor grau nos repertórios antológicos e nos inventários historiográficos, mesmo aqueles já aparentemente atualizados pela perspectiva retificadora que nos é proporcionada pela revolução modernista de 1922, a vanguarda brasileira propõe uma leitura radicalmente diversa de seu passado literário. A ideia de uma *poética sincrônica* parece aqui extremamente fecunda, nos termos em que a formulou Roman Jakobson:

> A descrição sincrônica considera não apenas a produção literária de um período dado, mas também aquela parte da tradição literária, que, para o período em questão, permaneceu viva ou foi revivida. Assim, por exemplo, Shakespeare, por um lado, e Donne, Marvell, Keats e Emily Dickinson, por outro, constituem presenças vivas no atual mundo poético de língua inglesa, ao passo que as obras de James Thomson e Longfellow não pertencem, no momento,

ao número dos valores artísticos viáveis. A escolha de clássicos e sua reinterpretação à luz de uma nova tendência é um dos problemas essenciais dos estudos literários sincrônicos [...] Uma poética histórica ou história da linguagem cabalmente compreensiva é uma superestrutura a ser construída sobre uma série de descrições sincrônicas sucessivas.[1]

A aplicação deste critério numa literatura como a brasileira (cuja história real, a rigor, ainda está por fazer-se) produz desde logo um efeito desobstrutivo e dessacralizador: de um lado, o prontuário das obras a serem consideradas (antes obras que autores) fica inevitavelmente reduzido, com a remoção do entulho despiciendo (por "glorioso" que seja); de outro, perfilam-se com nitidez antes impossível de obter aqueles autores (textos) que realmente contam numa perspectiva radical, inclusive de validade internacional; finalmente, dentro da bagagem de um autor dado, o eixo de interesse deixará muitas vezes de se ancorar no lastro entorpecido das peças ditas "antológicas" (o caso da discutível "Canção do Exílio", de Gonçalves Dias), para se firmar em composições menos celebradas, mas muito mais realizadas esteticamente (como, do mesmo autor, o "Leito de Folhas Verdes"). Esta "drástica separação" (na acepção poundiana da frase, que pode ser entendida como uma versão pragmático-poética do "corte sincrônico" proposto por Jakobson) é empobrecedora apenas na aparência. O que se perde em quantidade e diluição, ganha-se em qualidade e rigor. Em vez de enfrentar o objeto de seus estudos com o complexo de inferioridade que é fruto da indulgência consentida (a mesma que inclui um canhestro versejador como Casimiro de Abreu no rol de nossos "românticos maiores"...), o crítico poderá agora, de cabeça erguida e sem pedir escusas, reivindicar em alto e bom som aquilo que nos é devido, o contributo de informação original que temos a reclamar como coisa nossa

---

[1] Roman Jakobson, Linguistics and Poetics, em T.A. Sebeok (org.), *Style in Language*, Cambridge: MIT Press, 1960. (Trad. bras.: *Linguística e Comunicação*, São Paulo: Cultrix, 1969.)

na evolução de formas da literatura universal, na, por assim dizer, "enciclopédia imaginária" dessa literatura. O que era antes um panorama amorfo, contemplado por um olho destituído de projeto, ganha coerência e relevo hierárquico, readquire vida dentro de uma tábua sincrônica onde presente e passado são contemporâneos. Para ficarmos apenas no âmbito da poesia: o barroco Gregório de Matos, os árcades Cláudio Manoel da Costa e Tomás Antônio Gonzaga, o romântico Sousândrade, o simbolista Pedro Kilkerry, o simbolista (pré-modernista) Augusto dos Anjos são poetas que teriam voz e vez em qualquer literatura e em qualquer literatura teriam um definido acréscimo a oferecer. Enquanto o *scholarship* acadêmico se perde por exemplo em discutir se Gregório foi plagiário de Gôngora e Quevedo (plagiário, um poeta do qual não se conhecem manuscritos autógrafos, por ter *traduzido* para o português o intrincado labirinto gongorino, quando um dos brasões de glória de Ungaretti é ter feito coisa semelhante para o italiano? Um poeta que compreendeu tão bem, com aquela "imaginação funcional" ou "sintagmática" de que fala Roland Barthes, a matriz aberta do barroco, que soube recombinar ludicamente em nossa língua, num soneto autônomo – verdadeiro vértice de um sutil "diálogo textual" – versos-membros de diferentes sonetos do poeta cordovês? Um poeta que, com o ousado senso de hibridismo que também se encontra em nosso barroco plástico, miscigenou seu instrumento com elementos de caldeamento tropical (tupinismos, africanismos), levando a *discordia concors* barroquista à textura mesma de sua linguagem?); enquanto o pietismo universitário se conforta com os "sonetos de arrependimento" do Gregório místico (de boa fatura, mas muito menos criativos), será preciso que um observador estrangeiro, a estudiosa russa Ina Terterian, nos alerte de que a desabusada obra satírica do "Boca do Inferno" é "comparável aos melhores exemplos de sátira mundial do século XVII?"[2]

[2] Cf. Boris Schnaiderman, Revelações de uma Enciclopédia, *O Estado de S.Paulo*, 29 set. 1962, Suplemento Literário (comentário sobre o artigo "Literatura Brasileira" da *Krátkaia Literaturnaia Entziklopiédia*, Moscou, 1962).

E isto para não falar da sonegada erótica do cantor baiano, cuja investigação despreconcebida poderá ser reveladora[3]. O leitor algo familiarizado com os *aperçus* históricos da literatura brasileira ficará surpreso certamente diante da enumeração acima, que refoge quase que inteiramente aos elencos estabelecidos. A omissão pura e simples do parnasianismo, por exemplo, é deliberada, pois esta escola poética no Brasil, particularmente influente na deformação do gosto literário daqueles que obrigatoriamente a suportam nos currículos secundário e superior, é copiosa em poemas medíocres e praticamente vazia em criatividade. Também é voluntária a ênfase que se dá a Sousândrade, solitário representante sincrônico de nosso romantismo (outros românticos, muito tempo dados como "maiores" – Gonçalves Dias, Álvares de Azevedo, Castro Alves –, salvar-se-ão mais por poemas e fragmentos isolados do que pelo grosso de uma obra convencional, tributária dos "clichês" do tempo, pela qual são geralmente prestigiados). Pedro Kilkerry é o nosso único simbolista radical, de linhagem mallarmaica (Cruz e Sousa, que contaria numa escala taxinômica menos severa, é antes um simbolista moderado, contaminado pelos restos do parnasianismo), enquanto que Augusto dos Anjos, entre simbolista e expressionista, com algo de brutalismo primitivo e de um cientificismo que já é incorporação inventiva do *Kitsch*, deve ser reconhecido

---

3 A avaliação já pode ser feita, e com resultados amplamente confirmadores, através da oportuníssima e corajosa edição das *Obras Completas de Gregório de Matos,* em sete volumes inexpurgados, coordenada por James Amado (Bahia: Janaina, 1968). Não compartilho da reserva com que, em certos círculos acadêmicos, tem sido recebida essa contribuição, por não se ater a critérios de editoramento propriamente "críticos". Enquanto os eruditos superciliosos não fazem o labor que reclamam, essa edição, extremamente cursiva e bem imaginada em sua organização, dá aos poetas e amadores de poesia a imagem de corpo inteiro de um dos maiores poetas de nossa literatura, resgatando-lhe a obra (o texto chamado "Gregório de Matos", como se expressa com senso do imprescindível o seu organizador) de um "degredo" de "trezentos anos".

como um de nossos poetas mais singulares[4]. Quanto a Cláudio Manuel da Costa, árcade com laivos barroquistas, e Tomás Antônio Gonzaga, cuja lira setecentista, como o soube ver Oswald de Andrade, é a de um romântico *avant la lettre* (e mais do que os nossos românticos propriamente ditos capaz de notação desataviada e fluência logopaica)[5], se põem sem favor entre os bons poetas do seu tempo. Este balanço não é completo nem exaustivo, pois a revisão sincrônica da poesia brasileira é um processo em curso, no qual a vanguarda poética está presentemente engajada, e que há de chegar a seu desaguadouro natural com uma futura *Antologia da Poesia Brasileira de Invenção*[6]. Mas para que se meça o

---

[4] Sobre o lado "expressionista" de Augusto dos Anjos chamou a atenção Anatol Rosenfeld, em magistral estudo comparativo entre a poesia do autor de *Eu* e a de Gottfried Benn. Cf. "A Costela de Prata de A. dos Anjos", primeiro em *Doze Estudos*, São Paulo: Conselho Estadual de Cultura, 1959, agora em *Texto/Contexto*, São Paulo: Perspectiva, 1968.

[5] Oswald de Andrade, *A Arcádia e a Inconfidência* (Tese de Concurso), São Paulo, 1945 (*Obras Completas*, Rio de Janeiro: Civilização Brasileira, 1972, v. 6): "Com Gonzaga estamos comprometidos. É o romantismo. Ele e seus companheiros de Inconfidência também "traem a fé jurada" aos acentos mortos da velha poesia." Ressalte-se que Oswald soube valorizar ainda, nos devidos termos, o papel fundamental do "Boca do Inferno" baiano: "Gregório de Matos foi sem dúvida uma das maiores figuras de nossa literatura. Técnica, riqueza verbal, imaginação e independência, curiosidade e força em todos os gêneros eis o que marca a sua obra e indica, desde então, os mimos da literatura nacional" ("A Sátira na Literatura Brasileira" (conferência de 1945).

[6] Pode-se distinguir mesmo entre uma "História textual", que toma o *texto*, caracterizado por seu "conteúdo informativo" (suas componentes inventivas), como ponto fulcral e privilegia uma visada sincrônica, e a "História literária", predominantemente cumulativo-diacrônica, que considera a literatura no seu sentido convencional. Aplicando-se à prosa (mais especificamente ao *romance*) esse critério sincrônico-textual, teríamos o seguinte recorte essencial, na literatura brasileira até os fins do século passado: *Memórias de um Sargento de Milícias* (1854-1855), de Manuel Antônio de Almeida, primeira manifestação do "romance malandro" (Antonio Candido), popularesco e dessacralizador ("carnavalizado", Bakhtin) em nossa literatura; *Iracema* (1865), de Alencar, a função poética na prosa, bem sucedido experimento ("Este livro é, pois, um ensaio ou antes mostra") de ruptura dos gêneros e estruturação rítmico-semântica da matéria narrada, a obra-prima de um autor prolífico, em larga medida já peremptо; *O Ateneu* (1888), de Raul Pompeia, simbolismo transitando para o impressionismo,

alcance desse processo e a profundidade das transformações que vai acarretando, basta que se considere o "caso" Sousândrade, sem dúvida alguma a mais espetacular intervenção do espírito sincrônico no *panteon* remansoso de nossa historiografia literária. Considerado por seus contemporâneos como louco e negligenciado por Sílvio Romero em sua *História da Literatura* (1888) justamente porque suas ideias e sua linguagem tinham uma "outra estrutura", que escapava à "toada comum da poetização do seu meio", Sousândrade ficou à margem da estrada real de nossa cultura por cerca de 100 anos (seu primeiro livro, *Harpas Selvagens,* é da mesma data das *Fleurs du Mal* de Baudelaire, 1857). Somente em 1964 foi ele reposto em circulação, reclamando-se para o seu legado um lugar de relevo no acervo dos criadores da poesia moderna[7]. A revisão de seu processo de olvido se integra, aliás, num fenômeno mais amplo de reconsideração da herança literária, característico de nosso tempo (Dâmaso Alonso e Garcia Lorca reveem Gôngora; T.S. Eliot reexamina os *metaphysical poets;* Pound recupera o "Sordello" de Browning e traduz os provençais e Cavalcanti; Hölderlin é redescoberto pelo círculo de Stefan George, e assim por diante). A obra principal de Sousândrade, o poema em 13 cantos *Guesa Errante* (uma epopeia panamericana precursora tematicamente do *Canto General* de Neruda), apresenta, entre outros aspectos singulares, um episódio de modernidade extrema, "O Inferno de Wall Street", ambientado na Bolsa de Nova York. Antecipando-se a Ezra Pound, o poeta brasileiro, através da técnica de

---

sinestesia e "teatro íntimo da memória" (antegostos "proustianos" no palato do crítico de hoje), a prosa icônica de um artista plástico, "fato *semiótico*" (D. Pignatari via Araripe Jr.). E, então, essa tríade metalinguística por excelência, *Memórias Póstumas de Brás Cubas* (1881), *Quincas Borba* (1891) e *Dom Casmurro* (1899), o Machado final, nosso Borges no Oitocentos.

7 Cf. Augusto e Haroldo de Campos, *Re Visão de Sousândrade*, São Paulo: Invenção, 1964 (3. ed. revista e ampliada: São Paulo: Perspectiva, 2002). Inclui também o ensaio de Luíz Costa Lima, O Campo Visual de uma Experiência Antecipadora. Augusto de Campos prosseguiu na tarefa revisional, dando à estampa, o seu *Re Visão de Kilkerry,* São Paulo: Fundo Estadual de Cultura, 1970,.

montagem de fragmentos extraídos de jornais da época, de citações polilingues, da intervenção de personagens históricos e mitológicos, de invenções vocabulares e sintáticas, projeta uma contundente visão do "Inferno Financeiro" ("An epic is a poem including history. No one can understand history without understanding economies", E.P.) característico da emergência do grande capitalismo. Antes de Mallarmé, ele se deixou influenciar pelo mosaico do jornal, para a configuração até gráfica dessa seção de seu poema. Sousândrade dá testemunho presencial do processo de reificação descrito por Lucien Goldmann e inscrito por este no fim do século XIX, a partir do desenvolvimento dos trustes, dos monopólios e do capital financeiro, processo que suscita um novo tipo de realismo, cuja expressão peculiar Goldmann vai encontrar hoje no *nouveau roman* francês (*Pour une sociologie du roman*). Pois bem, travestido na *persona* do Guesa (segundo o mito indígena, adolescente destinado ao sacrifício ritual; no poema, emblema do destino *maudit* de seu autor e também da espoliação da América Latina pelo colonizador estrangeiro), Sousândrade é bem o *voyeur* diante de cujos olhos inermes rodopia estilhaçado o mundo de seu tempo, no círculo infernal do *Stock Exchange* (o leitor moderno pensará logo na iconografia vertiginosa do *Eclipse* de Antonioni), à cuja divindade, a Besta Ursiforme (*Bear* = Urso, especulador da Bolsa; no poema um símbolo para ianque), ele será sacrificado[8]. Daí a forma inusitada de seu poema, que ultrapassou o umbral de entendimento de sua época no Brasil.

8 A correlação entre "jogo de azar" e a simbólica do "inferno carnavalizado" é enfatizada por M. Bakhtin em seu livro de 1929 sobre a poética de Dostoiévski (texto republicado em 1963, revisto e ampliado). A "atividade caótica da Bolsa", como força fraturante da unidade dos personagens e do determinismo causal do discurso, é estudada por Umberto Eco, a propósito do filme de Antonioni já mencionado (Cf. Do Modo de Formar Como Engajamento Para Com a Realidade, *Obra Aberta*, São Paulo: Perspectiva, 1968). Reagiram com sensibilidade à revisão de Sousândrade, fora do Brasil, estudiosos da categoria de Jean Franco (*The Modern Culture of Latin America*, New York: F.A. Praeger, 1967) e Luciana Stegagno Picchio (*La Letteratura Brasiliana*, Milão: Accademia, 1972).

A imagem em mosaico da TV havia sido já prenunciada pela imprensa popular que floresceu com o telégrafo. O uso comercial do telégrafo começou em 1844 nos EUA, mas antes dessa data na Inglaterra [...] A prática artística geralmente antecipa a ciência e a tecnologia nesses assuntos, por toda uma geração ou mais ainda. O significado do mosaico telegráfico nas suas manifestações *jornalísticas* não passou em branco para a mente de Edgar Allan Poe. Ele tirou partido dessas manifestações para desenvolver duas novas e surpreendentes invenções, o poema simbolista e a estória policial.[9]

Mais radicalmente do que Poe, cuja poesia é extrinsecamente tradicional (discursiva), o brasileiro Sousândrade fez dessa tomada de consciência, a que muitos ainda hoje pavidamente se recusam, a estrutura-conteúdo do episódio central de seu *Guesa* (escrito na década de 1870). Hoje pode-se ver que o grande cantor revolucionário brasileiro – em conteúdo novo e forma nova – não foi exatamente Castro Alves, que celebrou em versos bombasticamente retóricos temas que já estavam de certo modo conscienzializados por seu tempo (a abolição da escravatura, por exemplo), mas Sousândrade, cuja consciência antecipadora apanhou em cheio o conflito fundamental da América Latina subdesenvolvida e submetida a um estatuto colonial, no mundo do capitalismo que se transformava em imperialismo[10].

---

9 Marshall McLuhan, *Understanding Media: The Extensions of Man*, New York: McGraw-Hill, 1964.
10 Confira-se nesse sentido esta provocativa formulação de Fausto Cunha: "Por menos que se conheça poesia, não existe nenhuma possibilidade de encontrar um denominador comum para essas duas grandezas. Castro Alves pode ser omitido da poesia brasileira sem fazer falta; Sousândrade não. Sousândrade faz falta à poesia do mundo" (*A Luta Literária*, Rio de Janeiro: Lidador, 1964). Um exame esclarecedor das peculiaridades da literatura abolicionista no Brasil ("limited and late") encontra-se em David T. Haberly, Abolitionism in Brazil: Anti-Slavery and Anti-Slave, *Luso-Brazilian Review*, IX, 2, The University of Wisconsin Press, 1972. Isto sem esquecer que Sousândrade, como registra Péricles Eugênio da Silva Ramos (*Do Barroco ao Modernismo*, São Paulo: Conselho Estadual de Cultura, 1967), foi "um dos primeiros poetas, em nosso romantismo, a adentrar o *viver do escravo*". Sua "poesia negra" inclui-se já nas *Harpas Selvagens* (1857).

O descobrimento, ou, por assim dizer, a "invenção" de precursores é um dos corolários mais significativos da visada poética sincrônica. John Cage (*Silence*) cita a resposta do pintor De Kooning aos que lhe perguntavam que artistas do passado o haviam influenciado: "The past does not influence me; I influence it". E Jorge Luis Borges: "No vocabulário crítico, a palavra *precursor* é indispensável, mas teríamos de purificá-la de toda conotação polêmica ou de rivalidade. A verdade é que cada escritor *cria* os seus precursores. A sua obra modifica a nossa concepção do passado como há de modificar a do futuro" ("Kafka y sus Precursores"). Pode-se dizer que uma nova obra decisiva ou um novo movimento artístico propõem um novo modelo estrutural, à cuja luz todo o passado subitamente se reorganiza e ganha uma coerência diversa. Nesse sentido é que a literatura é o domínio do simultâneo, um simultâneo que se reconfigura a cada nova intervenção criadora. Cada época nos dá o seu "quadro sincrônico", graças ao qual podemos ler todo o espaço literário – um espaço literário onde Homero é contemporâneo de Pound e Joyce, Dante de Eliot, Leopardi de Ungaretti, Hölderlin de Trakl e Rilke, Púschkin de Maiakóvski, Sá de Miranda de Fernando Pessoa. Marx, preocupando-se com a perenidade da arte grega para além das condições históricas que a geraram, pôs o dedo numa das faces deste problema; Lukács, de sua parte, tentando ler o romance contemporâneo à luz do "quadro sincrônico" estabelecido pelo lance balzaquiano no tabuleiro do Oitocentos (para retomarmos desta maneira a imagem saussuriana do jogo de xadrez), simplesmente não consegue atinar com a "legibilidade" dos objetos que enfrenta. Realmente, aquela contemporaneidade ideal só ganha o seu estatuto e se torna reconhecível a partir de uma óptica real, a do tempo presente. Nesse sentido, o certo não é ler Joyce pelo crivo de Balzac, mas reler Balzac pelo de Joyce (ou pelo de Mallarmé, como de resto o fez Butor em "Balzac et la Réalité"). Entre o "presente de criação" e o "presente de cultura" há uma correlação dialética: se o primeiro é alimentado pelo segundo, o segundo é redimensionado pelo primeiro[11]. Vanguarda como atitude produtora no "presente de criação" e visada sincrônica como atitude revisora no "presente de cultura", eis os polos desta tensão na atual literatura brasileira.

---

11 Gérard Genette, Estruturalismo e Crítica Literária, *Figuras*, São Paulo: Perspectiva, 1972 (ed. original 1966) estuda essa dialética. Uma discussão ampla e matizada do problema, do ponto de vista da "teoria da recepção estética", é conduzida por Hans Robert Jauss, *Literatur als Provokation,* Frankfurt am Main:Suhrkamp, 1970. Para Jauss, "Die Geschichtlichkeit der Literatur tritt gerade an den Schnittpunkten von Diachronie und Synchronie zutage" (A historicidade da literatura manifesta-se precisamente nos pontos de interseção de diacronia e sincronia). No sentido de Jauss, poderíamos dizer do "Inferno" sousandradino que preenche a "função socioconstrutiva da literatura", incluindo-se entre aquelas obras, particularmente características da modernidade, que "põem o leitor, através da arte, em confronto com uma realidade nova, *opaca*, que não mais pode ser compreendida em relação a um horizonte de expectativa já dado". Um *índice de textualidade* (em grau maior ou menor) seria, segundo penso, o distintivo de obras dessa natureza.

2. O TEXTO-ESPELHO
(POE, ENGENHEIRO DE AVESSOS)

Uma das mais importantes contribuições da abordagem linguística para a análise da poesia é, sem dúvida, a possibilidade de conferir uma base objetiva para o que, por muito tempo, tem corrido à conta da assim chamada "inspiração", ou, melhor dito, da *intuição* do poeta. Não que se queira negar a esta – à intuição – o seu papel, na dialética interpenetrada de inteligência e sensibilidade que permeia todo o fazer poético; quer-se, antes, demonstrar que o racional e o sensível, o rigor e a fantasia, não constituem dois polos antinômicos, mas, sim, verso e reverso da mesma medalha.

Roman Jakobson, o grande linguista russo-americano, mestre desse tipo de análise, em fundamental ensaio ("Linguistics and Poetics"[1]), escolheu para alvo de suas investigações,

---

1 Em *Style in Language* (Cambridge: MIT Press, 1960), coletânea organizada por Thomas Sebeok. Sirvo-me, para as transcrições, da versão brasileira: Roman Jakobson, *Linguística e Comunicação*, São Paulo: Cultrix,

não por mera coincidência, o fragmento final do poema "The Raven", de Edgar Allan Poe.

É conhecida a reação suscitada, através de gerações, pelo escrito de Poe "The Philosophy of Composition". Nesse trabalho, deliberadamente ardiloso e provocante, o poeta norte-americano explica o *modus operandi* mediante o qual teria elaborado aquele seu célebre poema, descrevendo-o como uma espécie de itinerário às avessas. A partir da configuração da palavra-refrão NEVERMORE (à qual Poe teria sido levado, segundo afirma, pela necessidade de obter toda a força persuasória possível no final repetitivo das estanças e, assim, pelo consequente e adequado expediente de se valer do O longo e do R, respectivamente, como "the most sonorous vowel" e "the most producible consonante" à sua disposição), o poema se foi constituindo, todo ele, a começar do fim, ou seja, retrogressivamente, como numa "estória" policial na qual as peripécias da intriga viessem a ser engendradas a partir do desfecho hipotético. Ou, como diz o próprio Poe: "…here then the poem may be said to have its beginning – at the end, where all works of art should begin…". A explicação *post festum* do autor de "The Raven" – sua desafiadora proclamação sobretudo: "It is my design to rend it manifest that no one point in its composition is referable either to accident or intuition – that the work proceeded, step by step, to its completion with the precision and rigid consequence of a mathematical problem" – despertou logo entre a gente de "bom-senso" (na qual se inclui, desde sempre, grande parte da crítica literária – esses "intermediários de gosto bastante intermédio, postados entre produtor e leitor", como os define o verso de Maiakóvski) a reação esperada. Tratava-se de uma burla,

---

1969. Quando escrevi este estudo, ainda não conhecia o ensaio de Jakobson, "Language in Operation", publicado nas *Mélanges Alexandre Koyré*, Paris, 1964 (em francês, "Le Langage en action", *Questions de Poétique*, Paris: Seuil, 1973). O autor, assim que recebeu cópia de meu trabalho, teve a gentileza de enviar-me uma separata de seu ensaio, no qual vejo confirmadas, no essencial, as teses que aqui exponho.

de uma forma de mistificação, de uma abusiva tentativa de racionalização do "inefável" mistério poético. Poe, no seu ensaio, já como que prevê esse resultado, quando, ironicamente, refere que a maioria dos escritores preferiria sem dúvida fazer crer que compunha suas obras numa espécie de "fine frenzy" ou "ecstactic intuition", e que se horrorizaria à simples ideia de deixar que o público fosse admitido nos bastidores da arte e pudesse então lobrigar: "...the cautious selections and rejections [...] the painful erasures and interpolations [...] the wheels and pinions – the tackle for scene-shifting – the step-ladders and demon-traps – the cock's feathers, the red paint and the black patchs, which in ninety-nine cases out of the hundred constitute the properties of the literary histrio". O "histrião literário" de Poe – o poeta "fingidor" de Pessoa – há de ter sempre pela frente o crítico suspicaz (ou, talvez, excessivamente cândido...) que coloque a eterna questão da sinceridade ou da mistificação em termos absolutos, sem perceber que o "fingimento" do poeta-histrião é uma questão eminentemente de linguagem: "... un tour ou jonglerie (tout Art en est là!) lequel consiste à feindre son avis prouvé par un fait demeuré hypothétique [...] Quoi de plus conforme à la foi de Fiction: c'est par son emploi judicieux créer de beaux ou salutaires sentiments avec rien dans la main, leur gagnant le temps de prendre possession de vous; mais pourvu que ce néant ne s'avère pas avec prestesse dissimulé à l'instant final!" (Mallarmé)[2]. No espaço fictivo, o poeta não afirma nem

2 Cf. Dieter Steland, *Dialektische Gedanken in Stéphane Mallarmés "Divagations"*, München: Wilhelm Fink, 1965. Este autor assinala, em várias passagens, a importância dos conceitos de *fiction* e *fictif* na teoria poética de Mallarmé. O ilustre professor Ramón Martinez-López, da Universidade do Texas (Austin), chamou-me a atenção para a tradição clássico-medieval que há por trás do conceito de poeta-fingidor, que aparece, por exemplo, na *General Estoria,* I, p. 156, coluna a, linhas 10-17, de D. Alfonso, El Sabio ("poeta – poetas: e quier dezir tanto como fallador de nuevo de razón, e enfennidor della"). Mallarmé, de resto, admirador da "arte sutil de estrutura" e das "faculdades de arquiteto e músico" do poeta americano, soube compreender à maravilha o seu "jogo intelectual", escrevendo: "Y a-t-il, à ce spécial point de vue, mystification? Non. Ce

nega, ele configura na materialidade da linguagem (*função poética*) a sua emoção, não importa se real ou imaginada (*função emotiva*). Ou, como escreve Jakobson: "Sir Philip Sidney afirmou em sua *Defence of Poesie:* 'Quanto ao poeta, ele nada afirma e, portanto, nunca mente.' Em vista disso, para usar a formulação sucinta de Bentham, 'as Ficções do poeta são isentas de insinceridade.'"[3]

A mais recente reação negativa ao *rationale* composicional de Poe partiu de Pierre Macherey, jovem discípulo de Althusser, que tentou – a meu ver sem o menor sucesso – levar à "produção literária" o sutil e refinado aparato marxiano-estrutural de seu mestre. Num ensaio pretensioso, mas curiosamente ingênuo, sobre a teoria da produção do poema em Poe (a mesma teoria que, sem dúvida, acabou por inspirar Maiakóvski no seu "Como Fazer Versos?", trabalho que o jovem crítico parece ignorar, embora em Maiakóvski já se encontre uma pioneira e efetiva teoria do poema como forma de produção: "dificílima, complexíssima, porém produção"[4]), Macherey se mostra embaraçado em perplexidades afinal não diversas das que assaltam os críticos que tomam ao pé da letra, ao enfocar o fenômeno

qui est pensé, l'est; et une idée prodigieuse s'échappe des pages qui, écrites après coup (et sans fondement anecdotique, voilà tout) n'en demeurent pas moins congéniales à Poe, sincères. A savoir que tout hasard doit être banni de l'oeuvre moderne et n'y peut être que feint; et que l'éternel coup d'aile n'exclut pas un regard lucide scrutant l'espace dévoré par son vol".

3. Poesia da Gramática e Gramática da Poesia, *Linguística. Poética. Cinema*, São Paulo: Perspectiva, 1970, p. 68.

4 Cf Haroldo de Campos, "Maiakóvski em Português: Roteiro de uma Tradução", *Revista do Livro*, Rio de Janeiro: MEC/INL, n. 23-24, 1961 (ver infra, O Texto Como Produção, p. 47). Também Krystina Pomorska, *Russian Formalist Theory and its Poetic Ambiance*, Haia: Mouton, 1968, especialmente a passagem: "In contradistinction to the theory of inspiration and the concepts of genius and unconscious creation, the Futurists believed in *intensified craft*. One has to know "how to make it" before writing a poem, instead of waiting for inspiration. The norms of poetic craft were presented in samples of poetry, quickly composed purely to exemplify a given "poetic task". This was the basis on which Majakovskij wrote his well-known article, characteristically entitled *How to Make Poetry*". (Há uma tradução brasileira do livro de Pomorska, sob o título *Formalismo e Futurismo*, São Paulo: Perspectiva, 1972.)

poético, argumentos como o da insinceridade e/ou fingimento do poeta-produtor[5].

E, no entanto, a análise jakobsoniana, de início referida, demonstra com evidência meridiana que o autor de "The Raven" não apenas expôs uma teoria perfeitamente pertinente da elaboração de seu poema, como, ademais aprofundada ainda essa teoria até o nível das unidades diferenciais mínimas da linguagem, os feixes de traços distintivos que chamamos fonemas – faz-se possível, à maneira de corolário, identificar figuras fônicas onde a engenharia de avessos de Poe se põe a manifesto, dando-se assim conta, inclusive, em termos materiais, daqueles efeitos subliminares ("some amount of suggestivenes – some undercurrent, however indefinite, of meaning"), efeitos que nascem no âmbito das interações, junturas e revérberos de som e sentido, onde a poesia, continuamente, instala os seus parentescos e afinidades eletivas entre significante e significado, contestando, pelo menos em seu domínio específico, o postulado saussuriano da arbitrariedade do signo linguístico[6].

Jakobson aponta, basicamente, os seguintes efeitos (sua análise limita-se, como ficou dito, à estrofe final de "The Raven"):

1. o poleiro do corvo, "the pallid bust of Pallas", funde-se num todo orgânico, mercê da paronomásia: PALLid/PALLas;

2. o corvo está como que pregado em seu poleiro e dele não pode levantar voo (apesar das palavras imperativas do protagonista: "take thy form from off my door"), porque as palavras jUST e aBOve estão fundidas em BUST (o U de "just" e o O de "above" têm o mesmo valor fonológico em inglês, repare-se);

---

5 Pierre Macherey, La Genèse d'un poème, *Pour une théorie de la production littéraire,* Paris: Maspéro, 1966.

6 Saussure, ele próprio, relativizou esse postulado, ao elaborar, em seus últimos anos, a teoria dos "anagramas" ou "paragramas", através da qual procurou explicar o que define como "fureur du jeu phonique", em poesia (ver infra, *Diábolos no Texto,* p. 109).

3. paronomásias salientes entreligam ambos os emblemas de perene desespero no primeiro e nos dois últimos versos: "...never FLITTing/FLoaTing... FLoor/LIFTed never..." (referindo-se ao corvo e à sua sombra, o primeiro incapaz de erguer o voo, a segunda presa para sempre ao chão);

4. as aliterações (que impressionaram Valéry) constroem uma cadeia paronomástica, onde a invariabilidade do grupo fônico é particularmente acentuada pela variação de sua ordem: STIll ... SITTing... STIll ... SITTing (variação: STÍ / SÍT, portanto);

5. os dois efeitos luminosos no claro-escuro – os olhos ardentes da ave negra e a luz lançando-lhe a sombra no chão – ligam-se mais uma vez pela força vívida de paronomásias (em IM): "...all the sEEMINg / dEMon's / drEAMINg / hIM strEAMINg"; no jogo paronomástico entram também as semelhanças sonoras entre outros fonemas dos sintagmas "all the seeming / demon's... is dreaming / o'er him streaming", ressaltadas na transcrição fonológica de Jakobson (por exemplo, as aliterações consonantais em T, D e S);

6. EYES no terceiro verso e LIES no penúltimo respondem-se em eco, numa rima impressivamente deslocada;

7. finalmente: RAVEN (R.V.N.) é o oposto fonológico de NEVER (N.V.R.), constituindo-se numa imagem em espelho, invertida, do desolado refrão; assim também a sequência: NEVER FLITTing é reproduzida ao inverso em LIFTed NEVER.

E Jakobson conclui, referendando as reivindicações mais ousadas do poeta: "A intérmina estada do hóspede sinistro é expressa por uma cadeia de engenhosas paronomásias, parcialmente invertidas, como seria de esperar do *modus operandi* antecipatório, regressivo, desse experimentador, desse mestre do 'escrever às avessas', que foi Edgar Allan Poe."

Este excurso vai servir de introdução a um outro tipo de exercício analítico, que toma a exegese jakobsoniana como estrela diretriz para uma viagem, via tradução, à busca do texto de Poe nas várias figuras – *transfiguras* – que vem assumindo em nosso idioma.

Como se sabe, "The Raven" foi vertido diversas vezes para o português. Entre as traduções existentes, contam--se uma de Machado de Assis e outra de Fernando Pessoa. Nada mais estimulante, portanto, do que, a partir do rigoroso escrutínio de Jakobson, inspecionar essas versões, para verificar em que medida os seus autores se apropriaram do particular *modus operandi* de Poe e conseguiram transpor, para nossa língua, as elaboradas soluções do original; até que ponto, em português, foi reencetada a engenharia de avessos do poeta norte-americano, cujo enigmático poema fascinou e intrigou tantas gerações (e nos fascina e intriga ainda hoje). A tradução, aqui, será vista – como pretende Ezra Pound – como uma instância privilegiada de atividade crítica.

Vejamos, primeiramente, em confronto com o texto original (estrofe final), as traduções de Pessoa, Machado e, ainda, a conjunta de Oscar Mendes e Milton Amado:

E. A. POE:

And the Raven, never flitting, still is sitting, still is sitting
On the pallid bust of Pallas just above my chamber door;
And his eyes have all the seeming of a demon's that is dreaming,
And the lamp-light o'er him streaming throws his shadow on the floor;
And my soul from out that shadow that lies floating on the floor
    Shall be lifted – nevermore!

FERNANDO PESSOA:

E o corvo, na noite infinda, está ainda, está ainda
No alvo busto de Atena que há por sobre os meus umbrais.
Seu olhar tem a medonha dor de um demônio que sonha,
E a luz lança-lhe a tristonha sombra no chão mais e mais.
E a minh'alma dessa sombra, que no chão há mais e mais,
    Libertar-se-á... nunca mais!

MACHADO DE ASSIS:

> E o corvo aí fica; ei-lo trepado
> No branco mármore lavrado
> Da antiga Palas; ei-lo imutável, ferrenho.
> Parece, ao ver-lhe o duro cenho,
> Um demônio sonhando. A luz caída
> Do lampião sobre a ave aborrecida
> No chão espraia a triste sombra; e fora
> Daquelas linhas funerais
> Que flutuam no chão, a minha alma que chora
> Não sai mais, nunca, nunca mais!

OSCAR MENDES e MILTON AMADO:

> E lá ficou! Hirto, sombrio ainda hoje o vejo, horas a fio,
> Sobre o alvo busto de Minerva, inerte, sempre em meus umbrais.
> No seu olhar medonho e enorme o anjo do mal, em sonhos, dorme,
> E a luz da lâmpada, disforme, atira ao chão a sua sombra.
> Nela, que ondula sobre a alfombra, está minha alma; e, presa à sombra,
> Não há-de erguer-se, ai! nunca mais!

HAROLDO DE CAMPOS:

> E o corvo, sem revoo, para e pousa, para e pousa
> No pálido busto de Palas, justo sobre meus umbrais;
> E seus olhos têm o fogo de um demônio que repousa,
> E o lampião no soalho faz, torvo, a sombra onde ele jaz;
> E minha alma dos refolhos dessa sombra onde ele jaz
> Ergue o voo – nunca mais!

Do cotejo das traduções (minha análise limita-se também à estrofe terminal do poema, mas já vale como amostragem do todo), ressalta desde logo a superioridade da versão pessoana sobre as outras duas.

A primeira intenção de Pessoa foi obter uma versão ritmicamente conforme com o original:

> Um poema é uma impressão intelectualizada, ou uma ideia convertida em emoção, comunicada a outros por meio de um ritmo. Este ritmo é duplo num só, como os aspectos côncavo e convexo do mesmo arco: é constituído por um ritmo verbal ou musical e por um ritmo visual ou de imagem que lhe corresponde internamente.

A tradução de um poema deve, portanto, conformar-se absolutamente: 1. à ideia ou emoção que o constitui; 2. ao ritmo verbal em que essa ideia ou emoção é expressa; deve conformar-se em relação ao ritmo interno ou visual, aderindo às próprias imagens quando possa, mas aderindo sempre ao tipo de imagem.[7]

Poe utilizou, como base rítmica de sua estrofe, um verso de 8 pés trocaicos (variando de 8 a 7 1/2 pés conforme o verso e reduzido a 3 1/2 pés no refrão). Trata-se de um verso deliberadamente longo, cujo andamento marca as hesitações, os ictos da emoção e da imagem, palpitando angustiadamente em torno do corvo que parece prestes a revoar de seu pouso mas, ao mesmo tempo, está como que soldado a ele por uma força demoníaca que lhe tolhe as asas. Pessoa empregou um verso também inusitadamente longo (15 sílabas), formado como que da junção de dois hemistíquios de 7 sílabas cada um (ou de 8 e 7, considerada a elisão da sílaba átona final do primeiro e da inicial do segundo). O refrão, em Pessoa, é um heptassílabo. Pode-se dizer que, em nossa versificação precipuamente silábica, esta seria a efetiva "tradução" do octâmetro/heptâmetro de Poe. E, realmente, para a percepção sensível, o impulso *staccato*, latejante, de tergiversação angustiosa e ansiada, da andadura da estrofe (bem saliente no primeiro verso) fica mantido. Mas a estança de "The Raven", segundo Poe, deve sua originalidade ainda a "other unusual, and some altogether novel effects, arising from an extension of the application of the principles of rhyme and alliteration". Estes efeitos são os que Jakobson examina englobadamente na figura "paronomásia" ("em poesia, qualquer similaridade notável no som é avaliada em função de similaridade e/ou dessemelhança no significado"; "a poesia não é o único domínio em que o simbolismo dos sons se faz sentir; é, porém, uma província em que o nexo interno entre som e significado se converte de latente em patente e se manifesta da forma

---

[7] Fernando Pessoa, *Páginas de Estética e de Teoria e Crítica Literárias,* textos estabelecidos e prefaciados por Georg Rudolf Lind e Jacinto do Prado Coelho, Lisboa: Ática, 1967.

mais palpável e intensa"). Pessoa conseguiu recuperar alguns deles, mas perdeu outros bastante significativos. No primeiro verso, utilizou rimas internas (-INDA) e um esquema aliterativo-coliterativo (N; T/D). No segundo, porém, perdeu todo o jogo paronomástico observado por Jakobson. Notem-se ainda: uma rima que percorre os versos 3 e 4 (interna e terminal no verso 3; interna no 4): medONHA, SONHA, tristONHA[8]; os efeitos coliterativo-aliterativos (T/D; M): "TeM a MeDonha Dor De uM DeMônio"; o L aliterante ("Luz Lança-Lhe"), prolongado em "aLma" (5º verso) e no refrão ("Libertar-se-á"); a quase-rima de sOMbrA no esquema da terminação -ONHA. O jogo de tônicas em A, seja nas rimas terminais dos versos 2 e 4-6, seja em "Alma", "hÁ", "libertar-se-Á" (na orquestração interna dos versos 4 e 5), é também uma outra sutil resposta pessoana ao "repto" de Poe. Sem esquecer que a escolha de palavras, em Pessoa, é geralmente eficaz na estrofe examinada, tendo o seu ponto alto no verso 3, onde, embora afastando-se do léxico do original (neste não existe a "medonha dor"), o poeta fica dentro do clima desejado e prepara as aliterações e rimas que configuram o referido verso 3 e o que se lhe segue; a bela imagem "um demônio que sonha" é assim integralmente preservada.

A tradução de Machado de Assis já me parece demasiadamente explicativa e contaminada por vezes parnasianos. Machado publicou-a primeiramente em 1883 e incluiu-a em "Ocidentais", *Poesias Completas* (1901). A década de 1880, nas letras brasileiras, é marcada pela vitória do parnasianismo como escola poética do "culto da forma" (na realidade, quase sempre um equivocado culto da "fôrma"). Veja-se o que, sobre os parnasianos, escrevem Antonio Candido e Aderaldo Castello (*Presença da Literatura Brasileira*, II): "Quanto à língua, buscaram uma correção gramatical não despida de pedantismo, eivando a sua obra de um tom acadêmico e professoral, por vezes bastante desagradável. De

---

[8] *Tristonha,* na posição privilegiada em que surge no verso 4, tem ainda o condão de ironizar o "demônio que sonha", funcionando como uma pseudo-palavra-montagem: TRIST(e,eza)+(s)ONHA(r).

acordo com o senso das formas exteriores, usaram com abundância o vocabulário das artes plásticas, comparando o ofício do poeta ao do escultor e do pintor." O 2º verso, "No branco mármore lavrado", da versão machadiana (para "On the pallid bust of Pallas"), torna manifesto este ponto[9]; a fácil aliteração em R (de "tRepado" a "lavRado") não melhora a solução; o efeito obsessivo, pulsante, da repetição inicial (de "flitting" a "sitting", sem esquecer "raven/never", que Pessoa verteu muito adequadamente, inclusive ensaiando estabelecer uma solidariedade entre "cOrvo" e "nOite" mediante a repetição das tônicas vizinhas, a seguir reforçada com aliterações ("Na NoiTe ... iNfiNDa ... esTá ... aiNDa..."), escapa a Machado. O marmóreo estatismo de seu texto não consegue captar, implícito, o voo iminente, mas sempre atalhado, da ave pousada (uma latência que suspende – no sentido de *suspense* cinematográfico – todo o poema). A repetição adjetiva "imutável, ferrenho", que converte em atributos descritivos o taquicárdico movimento verbal do original ("never flitting... still is sitting"), empobrece e afrouxa o verso. Sintagmas que desdobram e alongam a imagem, como "duro cenho" (por "eyes") e "ave aborrecida" (por, simplesmente, "him") também podem merecer a mesma censura ("aborrecida", ademais, embora etimologicamente proceda de *ab horrere*, tem, na variação semântica da língua, cada vez mais, o sentido de "enfadonha", o que perturba o clima da peça, acusando ainda o parnasiano "pedantismo gramatical" dessa escolha vocabular em Machado). É verdade que o

---

9 Machado mantém o nome "Palas" (que desaparece no texto pessoano, substituído por "Atena"), mas sem preservar o elaborado cenário fônico do original. "Pallas" pode evocar, em inglês, o lamento interjetivo "alas" (com a troca dos sons vocálicos respectivos; o "xuá" ou vogal neutra da última sílaba de "Pallas" correspondendo à primeira de "alas"). Em português, "Palas" anagramatiza "alas", contribuindo para a visualização das asas inderditas de voo do corvo. Curiosa leitura psicoanagramática é a de Arno Schmidt no seu *Zettel's Traum*: "Pallas", no poema de Poe, seria uma camuflagem repressiva do símbolo fálico ("Phallus"); cf. Hans-Bernhard Moeller, *Perception, Word-Play, And The Printed Page: Arno Schmidt and his Poe Novel*, Austin: University of Texas, 1971.

tradutor, atentando às rimas e aliterações de Poe, fez rimar "ferrENHO" com "cENHO" e, ainda, aliterou paronomasticamente "CeNHO" com "SoNHaNdO", assim como deu também uma pauta aliterante a "AVe ABorrecida"; mas isto não é suficiente para resgatar a diluição léxica de ambas as soluções. A infeliz seleção de vocábulos (forçada pela rima, ao invés de produzi-la orgânica e naturalmente) é responsável por coisas expletivas como "alma que chora" e a tautologia demasiadamente enfática do "nunca" no refrão, que perturbam o corte mais severo do original, envolvendo o desfecho da estrofe – justamente a culminação de todo o poema – em lacrimogênio sentimentalismo. O mais bem sucedido na tradução de Machado será, talvez, um verso que não está no texto de Poe: "Daquelas linhas funerais" (extensão de "shadow"), lance metonímico feliz que toma o contorno pela figura total e projeta, assim, uma imagem visual surpreendente e eficaz ("... e fora / Daquelas linhas funerais / Que flutuam no chão..."), embora sempre mais explicativa e mais embebida de *pathos* que a simples, e por si mesmo misteriosa, palavra "shadow" que ocorre no original; fruto, portanto (aqui mais bem sucedido e justificável), da mesma errônea concepção de traduzir "alongando", "explicando". Deixei para o fim, propositadamente, o esquema da estrofe machadiana, resolvida em versos polimétricos (de 8 a 12 sílabas). Os 5 versos (mais um estribilho) da estanca de Poe encurtam na medida e dobram na quantidade: Machado usa 10 para cada estrofe (com, respectivamente, 8-8-12-8-10-10-10-8-12-8 sílabas). Isto remora e relaxa o andamento do poema, roubando-lhe o efeito de sustentada mas precípite obsessão. É também um "diluir" e "explicitar" da emoção, desta vez no plano rítmico-sonoro[10]. Machado de Assis, notável inventor no romance

---

10 Com todo o respeito que me inspira a inestimável e pioneira contribuição do saudoso professor J. Mattoso Câmara Jr. aos estudos linguísticos no Brasil, não posso deixar de registrar aqui, *data maxima venia*, minha discordância com relação às conclusões de seu estudo "Machado de Assis e 'O Corvo' de Edgar Poe", em *Ensaios Machadianos* (Rio de Janeiro: Livraria Acadêmica, 1962). Realmente, não obstante as valiosas observações que invariavelmente contêm no plano técnico-linguístico,

e precursor da prosa de vanguarda (duma linha que vai da "nivola" *Niebla* de Unamuno às *Ficciones* de Borges), era, na verdade, um poeta de secundária importância. A tradução de Oscar Mendes e Milton Amado é, flagrantemente, a menos realizada das três. Mais explicativa e adjetiva ainda que a de Machado: "hirto, sombrio" (por "never flitting") ; "E lá ficou!... ainda hoje o vejo, horas a fio... inerte" (por "still is sitting"); "medonho e enorme" (referindo-se a "olhar") por "seeming (of)", referindo-se a "eyes" (that) have all the..."; "anjo do mal" (por "demon"); "em sonhos, dorme" (por "is dreaming"); "disforme" adjetivando "sombra" (no original está apenas "shadow"); o giro sintático: "Nela... está minha alma; e, presa à sombra", pelo muito mais conciso e direto: "And my soul from out that shadow". Finalmente o "ai!", interjetivo-expletivo, recurso fácil de melodrama, que empasta o refrão. Há um esforço de rimas terminais e em eco ("sombrIO / frIO"; "umbrAIS

os ensaios estilísticos de Mattoso Câmara ressentem-se, muitas vezes, de um gosto estético tradicionalizante (que, em poesia, poderia ser definido como "parnasiano-acadêmico"). Diverso é o caso de Jakobson, por exemplo, que formou seu gosto literário no convívio com as mais ousadas invenções da vanguarda poética russa das primeiras décadas do século (os poemas de Khliébnikov, acima de tudo). Mattoso Camara compara as soluções métrico-rítmicas das traduções de Fernando Pessoa e Machado, opinando desfavoravelmente à primeira delas, porque: 1. o verso de 16 ou 15 sílabas (pela contagem até à última tônica) seria "inteiramente anômalo em português", fugindo pois ao "idiomatismo rítmico", que nenhum poeta pode "forçar violentamente... para extrair tipos novos de verso"; 2. na tradução deve haver a integração da obra "nas criações estéticas da língua", para "tirar-lhe o caráter de mera adaptação de uma criação estética peregrina". Ora, é extremamente discutível essa "espontaneidade" rítmica da língua, defendida pelo eminente linguista. Como ideia reguladora, foi ela posta em questão pelo modernismo (Manuel Bandeira: "Todas as construções, sobretudo as sintaxes de exceção / Todos os ritmos sobretudo os inumeráveis"), quando não já pelos simbolistas (Pedro Kitlkerry: "O metro é livre: vivamo-lo"). Trata-se, antes, de uma convenção literária, de um cânon, cuja violação ("desvio da norma") pode ser, justamente, fator de originalidade estética, produzindo aquele efeito de "estranheza" (*ostraniênie*) tão caro aos formalistas eslavos. O fato de o verso pessoano poder ser repartido em duas redondilhas não é especialmente significativo, pois o octâmetro de Poe, interpretado silabicamente, pode ser visto também como a justaposição de dois *cólons* octossilábicos

/ mAIS"; "medONHO" / sONHOs"; "enORME / dORME / disfORME"; "alfOMBRA / sOMBRA") e mesmo, até, uma intenção aliterante em "mINERva / INERte". Mas a banalidade consumida do rimário e a precária seleção vocabular pouco podem fazer pelo resultado estético da versão, que só pode mesmo servir como adminículo para a melhor compreensão do original (teria sido preferível, assim, que os tradutores se contentassem com uma singela transposição em prosa, palavra a palavra, sem recorrer a uma ilusória cosmese poética).

Tendo lido e meditado a análise de Jakobson, procurei fazer, por meu turno, uma versão da estrofe em destaque (versão incluída em nota de pé da página à publicação brasileira de "Linguística e Comunicação"). Trata-se de uma tentativa de, conscientemente, reproduzir, quanto possível, no âmbito de nossa língua, os principais efeitos fônicos e mesmo a escrita regressiva do autor de "The Raven".

Cada uma das estrofes do célebre poema realiza o que Walter A. Koch denomina uma *hiper-base*, vale dizer, na especial terminologia desse estudioso, um complexo estratificado

(cf. W.A. Koch, Predicability of Literary Structure and some Didactic Consequences. A Linguistic Approach, *Vom Morphem zum Textem*, Hildesheim: Georg Olms, 1969). E Jakobson frisa ter sido justamente Poe, "o poeta e teórico da antecipação malograda, quem, do ponto de vista métrico e psicológico, avaliou o sentimento humano de satisfação suscitado pelo aparecimento do inesperado no seio do esperado" (Linguistics and Poetics, op. cit.), o que pode ser estendido à irrupção de um novo tipo de verso no repertório inventariado e consuetudinário da versificação de uma língua. Ademais, no que respeita à arte da tradução de poesia, o estágio mais avançado desta, como já reparava Goethe nas suas "Notas" ao *Divã Ocidental-Oriental*, é justamente aquele do "estranhamento", do "despaisamento", em que o tradutor alarga as fronteiras de sua própria língua e subverte-lhe os dogmas ao influxo do texto estrangeiro, "peregrino" (cf. Haroldo de Campos, A Poética da Tradução, *A Arte no Horizonte do Provável*, São Paulo: Perspectiva, 1969). Um teste prático do efeito de ambas as versões da estrofe de Poe sobre um auditório bilíngue, eu o pude fazer com meus alunos do curso de análise poética (University of Texas at Austin). A estudante Mimi Cavender, nas discussões de classe, observou que, desde logo, a falha mais óbvia da tradução machadiana estava na destruição da longa sequência rítmica do verso de "The Raven", com prejuízo do clima semântico-emotivo de prolongada ansiedade, fruto dessa inusitada sustentação do ritmo...

e entreligado de *síndromas* (cada síndroma, por sua vez, é um conjunto de duas ou mais coincidências recorrentes, sendo o mínimo conjunto ininterrupto, identificável num dado texto, denominado *base*). Segundo Koch, cada estança do poema de Poe é, assim, uma *hiper-base*, constituída por quatro diferentes tipos de bases. Cada base, por seu turno, exibe quatro constituintes (número de sílabas, número de acentos, cólon, sílaba fonicamente similar). A simples combinação de dois desses constituintes já seria suficiente para formar uma base, o que confere ao poema de Poe um alto nível de *redundância*. Esta redundância elevada, observe-se, é, ainda segundo Koch, de natureza *não trivial*. Converte-se, pois – para falar agora em termos de Max Bense –, num fenômeno estético gerador de informação[11]. Koch individua como *recurrence-pattern* do poema versos compostos de dois cólons de oito sílabas, com três acentos e uma sílaba rimante cada um deles; no estribilho, há apenas um cólon de sete sílabas, com quatro acentos e uma sílaba rimante (*cólon* é aqui, como na retórica tradicional, "a parte integrante de uma sentença que faz sentido completo, mas não revela o pensamento total do período"); no quinto verso, não há uma sílaba rimante no fim do primeiro cólon. Os quatro tipos diferentes de bases (identificáveis pela presença da sílaba rimante no término do cólon) podem ser representados assim: 1. AA (flitting/sitting); 2. BB (seeming/dreaming); 3. BC (streaming/floor); 4. CC (floor/more)[12]. O esquema de Koch envolve também, como se vê, uma interpretação silábica (ou silábicoacentual) da combinação – que Poe considerava *original* ("nothing even remotely approaching this combination has ever been

---

11 W.A. Koch, op. cit.. Sobre a complementaridade de redundância e informação na estética de Max Bense, ver Haroldo de Campos, A Temperatura Informacional do Texto, *Teoria da Poesia Concreta*, São Paulo: Invenção, 1965.

12 Constituem *bases*, segundo os critérios de Koch, o primeiro verso (AA); o terceiro (BB); o quarto (BC) e o quinto projetado rimicamente sobre o sexto – estribilho (CC). Isoladamente, o segundo e o quinto versos respondem ao mesmo esquema (-C), carecendo ambos de uma sílaba rimante no fim do primeiro cólon.

attempted") – de "octâmetros acatalécticos", "heptâmetros catalécticos" (isto é, com um pé incompleto) e "tetrâmetro cataléctico" (estribilho), de ritmo trocaico.

De minha parte, na vertente da tradução "ritmicamente conforme com o original", de Pessoa, elaborei um verso de 15 sílabas, que pode ser considerado como a conjugação de dois hemistíquios, um de oito sílabas (ou sete mais uma átona) e outro heptassílabo. Examine-se, por exemplo, o primeiro (e fundamental) verso da estrofe, que propõe todo o seu movimento rítmico-semântico (já que o ritmo, como adverte Jakobson, não é um fenômeno exclusivamente sonoro):

Primeiro hemistíquio (sete sílabas + uma átona):

– ˘   – ˘   – ˘   – ˘

E o   cor vo   sem re   vo o

Segundo hemistíquio (sete sílabas, até a tônica final):

– ˘   – ˘   – ˘   – ˘

pá rae   pou sa,   pá rae   pou sa

Dentro do princípio dos pés, o ritmo é trocaico e o metro octâmetro. Os acentos marcantes, do ponto de vista silábico-intensivo, ocorrem nas sílabas ímpares dos versos, a saber: na 3ª, 7ª, 9ª, 11ª, 13ª e 15ª, mostrando-se a pauta menos espaçada a partir da sétima sílaba, quando os ictos acompanham o acelerar da pulsação emotiva.

Um ponto importante do texto, completamente negligenciado na tradução de Machado, é o movimento anafórico da estrofe, introduzido sempre pela conjunção "and" (que ocorre quatro vezes no original, três vezes em Pessoa, duas em Mendes e Amado e uma, apenas, na versão machadiana)[13]. Em minha tradução, não apenas a anáfora foi totalmente preservada – contribuindo assim para o clima iterativo-obsidiante do poema, que partilha esse artifício narrativo com as formas mais primitivas e "mágicas"

[13] Não considerei o "e" de "e fora", que não tem o mesmo *destaque* paralelístico em posição inicial de verso, requisito da anáfora na estrofe.

da arte literária –, como, ainda, a conjunção portuguesa "e" acaba resolvendo-se naturalmente na vogal inicial de "ergue", na última linha (estribilho); ganha assim, inclusive, uma projeção fonovisual, como se se tratasse de um verdadeiro pedestal tipográfico para o corvo imobilizado num voo iminente e perpetuamente frustro. Este efeito aditivo, sutil ou rebuscado que o seja, não é ilicitamente acrescentado a um poema tão elaborado como o de Poe, onde o próprio comprimento dos versos no branco da página mima, pode-se assim dizer, a estrutura rítmica: o longo hausto de cada verso, feito do encapelamento suspendido e sucessivo de fôlegos mais curtos, até o estribilho final, que não dissolve, mas mantém o *suspense*.

Quanto à configuração fonossemântica propriamente dita, procurei, desde logo, replicar ao original com os seguintes efeitos:

1. a dupla sequência aliterante do primeiro verso ("still is sitting") foi traduzida mediante a repetição da sequência verbal "para e pousa"[14]; a aliteração em P projeta-se, ademais, na linha seguinte ("Pálido... Palas"); as formas verbais paroxítonas, dissilábicas, "para"/"pousa" correspondem aos ictos trocaicos em "still is" / "sitting";

2. no segundo verso, o desenho salientado por Jakobson foi mantido: "PÁLido" e "PALas" fundem-se paronomasticamente; "jUSTO", em função adverbial (um giro coloquial bastante comum no português do Brasil e que não deixa de produzir um certo efeito de "estranheza" ao ser deslocado para um contexto literário, ganhando assim em poder de expressão), envolve "bUSTO"; esta palavra, por sua vez, começa pelo B de "soBre"; os fonemas U e B estão, ainda, em "UmBrais"; atam-se e solidarizam-se

---

14 Pousa (do lat. *pausare*) rima também etimologicamente com *repousa* (lat., *re-pausare*) do 3º v., acentuando-lhe, para além da acepção imediata ("descansar"), a vibração semântica, locativa, de "assentar em", "estar colocado sobre", que convém ainda ao contexto.

desta forma na palavra "BUSTU", os vocábulos "jUSTU", "soBre" e "UmBrais" (o O final de "busto" e "justo" equivale, fonicamente, a um U); curiosamente, neste verso, minha tradução é a mais literal de todas, sendo mesmo estranho que a solução "pálido busto de Palas" (o nome grego, afirma Poe, foi escolhido "for the sonorousness of the word Pallas, itself") não tenha ocorrido aos outros tradutores ("alvo busto de Atena", Pessoa; "branco mármore lavrado / Da antiga Palas", Machado; "alvo busto de Minerva", Mendes e Amado; a justificativa do "Atena" de Pessoa talvez seja encontrada na linha seguinte de sua versão, onde aparecem grupos sonoros afins: "TEM A / MED") ;

3. na tradução de poesia vige a lei da compensação: vale dizer, onde um efeito não pode ser exatamente obtido pelo tradutor em seu idioma, cumpre-lhe compensá--lo com outro, no lugar onde couber; nesse sentido, resolvi o especial esquema de rimas de Poe da seguinte maneira: rimas terminais: ABABBB; rimas internas: – "OLHOS" (terceiro verso) / "refOLHOS" (quinto verso); "fAZ" (quarto verso) / com as terminais correspondentes à letra B ("umbrAIS", "jAZ", "mAIS"); "CORVO" (primeiro verso) rima ainda com "tORVO" (quarto verso);

4. o jogo "EYES" (terceiro verso) / "LIES" (quinto verso) do original – jogo de luz e sombra, carreado pela rima em eco, deslocada – é respondido por "OLHOS" (terceiro verso) / "refOLHOS" (quinto verso);

5. os apelos paronomásticos que entreligam "all the seeming... demon's... is dreaming... o'er him streaming", ressaltados por Jakobson, estão reproduzidos, quanto possível, em: "TEM o fOgo De uM DEMÔnio"; deve--se referir, ainda, que "fOgo" rima toantemente com "cOrvO" e "tOrvO"; este último adjetivo, aliás em função adverbial, foi incluído também por permitir uma fusão estratégica do "corvo" com sua sombra "torvamente" projetada no chão; repare-se que a dental inicial de

"Torvo" é a mesma que integra a relevante figura fônica que une "busTo" e "jusTo", sendo Ô e U as vogais mais fechadas da série velar;

6. problema mais difícil a resolver era, evidentemente, o dos efeitos de "escrita regressiva" (fenômenos de "anagramatização", na terminologia saussuriana); aqui, era preciso operar com a paciência de um verdadeiro taxidermista verbal para reconstruir o "corvo" em algo que lhe fosse (ao menos aproximadamente) a imagem invertida, especular, como "never" (N.V.R.) é a de "raven" (R.V.N.); "ReVOO" é uma tentativa de redistribuição anagramática dos fonemas de "cORVO", numa ordem, se não invertida, pelo menos perturbada; o sintagma "ERgue o VOO", no estribilho (estruturalmente tão enigmático como "Shall be lifted", podendo comportar uma entonação tanto afirmativa como dubitativo-negativa), inverte a figura fônica inicial de "REvoo" e replica, ademais, a fonemas de "cORVO"; a réplica será quase total, se considerarmos que K (representando a consoante inicial de "Korvo") e G (no grupo GUE) são fonemas coliterantes; dentro de similar "engenharia de avessos", se explica a inversão da ordem dos fonemas de "OLHOS" em "SOaLHO" (versos três e quatro) ; "LAMpião", por sua vez, deixa-se remanipular sonicamente em "ALMA", unindo visualmente as imagens de luminosidade e "pureza original" e opondo-as simetricamente às notas escuras de "sombra" (torva) e "refolhos" (da sombra);

7. efeitos disseminados de orquestração verbal são ainda, e finalmente: o R aliterante que percorre todos os versos da estrofe, com especial incidência no primeiro verso; o S aliterante, também ocorrendo ao longo de toda a estança, mas, sobretudo, relevante como parte dos grupos STO ("busTO", "jusTO") / SO ("SObre", "SOmbra", "SOalho"), numa tentativa de corresponder às "alterações repetitivas" que Valéry destacou no poema.

Post Scriptum, 1975

Limitei-me a examinar, neste ensaio, traduções – propostas explicitamente como tais – do poema de Poe. Mas uma abordagem com premissas até certo ponto análogas poderia ser estendida a outros textos de nossa literatura poética que estabelecem uma relação "dialógica" (forma alusiva de transmutação de *topoi* ao longo da evolução literária) com "The Raven". Assim, no soneto "Amor Volat", do baiano Pedro Kilkerry (1885-1917), uma analista sensível surpreendeu a aliciante sobreimpressão do "corvo" poeano no adjetivo "curvo" do primeiro verso do último terceto ("E vivo só por ver, como *curvo* aqui fico, / Esse pássaro voar, largamente, um bocado / De músculos pingando a levar-me no bico!"). Trata-se de um verdadeiro exemplo de citação subliminar, em camuflagem anagramática (cf. Samira Jorge Rosa, *Traços de Modernidade em Pedro Kilkerry*, dissertação de mestrado, PUC-SP, 1975). Outro poema a considerar é "A Cabeça de Corvo" (*Kiriale*, 1891-1895), de Alphonsus de Guimaraens. Depois de indiciar o mover dos olhos da ave enigmática nos dois versos mediais da quarta estrofe do poema ("E o aberto olhar vidrado da funesta / AVE… / VAI--me seguindo…"), Alphonsus, na quinta e última, "esculpe" fonicamente o corvo em seu tinteiro, por meio da quase--rima interna VeRsos: "Dizem-me todos que atirar eu devo / Trevas em fora este agoirento corvo, / Pois dele sangra o desespero torvo / Destes versos que escrevo". Um corvo escritural, neste caso, que, para além do toque "satânico" dá à composição do simbolista de Ouro Preto um singular revérbero metalinguístico…

3. O TEXTO COMO PRODUÇÃO (MAIAKÓVSKI)

Quando me dispus a traduzir um poema de Maiakóvski, após pouco mais de três meses de estudo do idioma russo, conhecia minhas limitações, mas tinha também presente o problema específico da tradução de poesia, que, a meu ver, é modalidade que se inclui na *categoria da criação*. Traduzir poesia há de ser criar – *re-criar* –, sob pena de esterilização e petrificação, o que é pior do que a alternativa de "trair".

Mas não me propus uma tarefa absurda. Ezra Pound traduziu poemas chineses (*Cathay*) e nôs japoneses, numa época em que não se tinha ainda iniciado no estudo do ideograma, ou em que estaria numa fase rudimentaríssima desse estudo, servindo-se da versão intermediária de Ernest Fenollosa, e iluminado por uma prodigiosa intuição poética[1]. E os resultados,

---

[1] A fascinante aventura textual do jovem Ezra Pound com os manuscritos de Ernest Francisco Fenollosa (1853-1908), professor de filosofia educado em Harvard e estudioso da cultura oriental, foi reconstituída

como poesia, excedem sem comparação aos do competente sinólogo e niponista Arthur Waley, e acabaram, inclusive, por instigar o teatro criativo de Yeats (*At the Hawk's Well*, 1916), além dos nutrimentos que o próprio Pound tirou da experiência[2]. Sem que se tenha a imodéstia de pretender repetir, no campo da tradução de poesia, as façanhas poundianas, não há dúvida de que deste caso-paradigma decorre toda uma didática.

Evidentemente, num poeta como Maiakóvski, o respeito ao "conteúdo" (referencial) do texto seria fundamental, e para tanto, além do meu russo engatinhante, mas animado por um beneditino escrutínio, palavra a palavra, dicionário e gramática à mão, do texto original, vali-me de duas versões intermediárias: uma, em espanhol, de Lila Guerrero[3]; outra, em alemão, de Karl Dedecius[4]. A primeira é uma simples transposição em prosa, com apenas um aspecto exterior de verso-livre, útil para se apanhar o sentido do original; a segunda é uma competente tentativa de reproduzir, em alemão, as virtualidades rítmicas e rímicas do texto russo.

Escolhi para esta primeira investida o poema "Sierguéiu Iessiêninu" (A Sierguéi Iessiênin), não só pelo fato prático de que tenha sido também selecionado pelos dois tradutores em questão, mas ainda e principalmente pela razão estética de se tratar, a meu ver e até onde posso imaginar, de uma das mais importantes realizações de Maiakóvski, de sua última fase (1925-1930 – o poema é de 1926), de maturidade criativa. Tão importante que o poeta o elegeu para

---

por Hugh Kenner, com vivacidade e penetração, no seu indispensável *The Pound Era*, Berkeley/Los Angeles: University of California Press, 1971.

2 "Pound é antes de mais nada um poeta. Waley é antes de mais nada um sinólogo. Nos círculos sinológicos, sem dúvida, as incursões de Pound no chinês despertam apenas um esgar de desdém... Por outro lado, as pessoas sensíveis às belezas sutis do verso poundiano não podem tomar a sério a técnica poética de *erro-e-acerto* do Sr. Waley" (H.C. Porteus, "Ezra Pound and his Chinese Character: A Radical Examination", na coletânea organizada por Peter Russel, *Ezra Pound*, London/New York: Peter Nevill, 1950).

3 *Antología de Maiacovski*, Buenos Aires: Claridad, 1943.

4 W. *Maiakowski, Gedichte*, München: Langewiesche-Brandt, 1959 (edição bilíngue).

demonstrar sua arte de compor, no admirável estudo "Como Fazer Versos?", traduzido incompletamente por Elsa Triolet[5] e de maneira integral, sem saltos dos excertos mais técnicos, por Lila Guerrero[6].

Situação de Maiakóvski

Vladimir Maiakóvski é um dos poetas mais significativos do mundo contemporâneo. Procedendo das experiências futuristas[7] e ligado, na revista LEF (sigla de Frente Esquerda), de que foi um dos editores, aos críticos formalistas russos (Óssip Brik e outros) posteriormente proscritos, para ele *sem forma revolucionária não há arte revolucionária*[8]. Sua

---

5. *Maiakovski – Vers et proses de 1913 à 1930*, Paris: Les Éditeurs Français Réunis, 1952.

6 Em *Obras Escogidas* de Maiakóvski, Buenos Aires: Platina, 1957 (tomo I). Temos em português a cuidadosa versão de Boris Schnaiderman (em *A Poética de Maiakóvski*, São Paulo: Perspectiva, 1971), à qual adaptarei, sempre que necessário, as citações e referências deste meu estudo.

7 Toda uma barreira ideológica separava os futuristas russos (em especial, o grupo dos "cubo-futuristas") do futurismo italiano de Marinetti, embora no plano estilístico se imponham muitas afinidades entre ambos os movimentos. "Quando Marinetti visitou a Rússia, viu-se combatido e renegado pelos futuristas russos, que considerava seus discípulos; isto se deu porque estes se horrorizaram com suas ideias políticas" (C.M. Bowra, The Futurism of Vladimir Mayakovsky, *The Creative Experiment*, London: Macmillan, 1949). Interessante considerar, neste contexto, uma página de Antonio Gramsci reproduzida na revista *Sipario*, 260, Milão: Bompiani, 1967 (número especial dedicado ao teatro futurista italiano). Trata-se de um artigo publicado em *L'Ordine nuovo*, 5 jan. 1921, no qual se lê a seguinte opinião: "Os futuristas no seu campo, no campo da cultura, são revolucionários; nesse campo, como obra criativa, é provável que a classe operária não conseguirá por muito tempo fazer mais do que fizeram os futuristas."

8 Novos documentos sobre o ideário e as polêmicas do poeta foram divulgados em 1958, no volume *Novidades Sobre Maiakóvski* (série Testamento Literário, n. 65), editado em Moscou pela Academia Soviética de Ciências. Cf. K.S. Karol, Scoppia la bomba Majakovskij – Anche la letteratura ha il suo XX Congresso, *L'Europeo*, 697, 22 jan. 1959; do mesmo autor, traduzido do *New Statesman*, A Outra Face de Maiakóvski, *O Estado de S.Paulo*, 1 mar. 1959.

participação no nível ideológico não era inconciliável com as exigências de uma criação artística de vanguarda, e sempre se insurgiu – em poemas, peças teatrais e artigos críticos – contra os burocratas em geral e, em especial, contra os burocratas da sensibilidade, zoilos e criticastros bafejados pelo favor oficial, aos quais definia como "intermediários de gosto bastante intermédio", interpostos entre o produtor e o consumidor de poesia. Basta ler um poema como "Mássam nieponiátno" (Incompreensível Para as Massas), de 1927, ou o artigo sobre o mesmo tema "Operários e Camponeses Não Compreendem o Que Você Diz", de 1928, divulgado no Ocidente em tradução francesa[9]. Seu suicídio, em 14 de abril de 1930, ocorreu menos de dois anos antes que se implantasse de modo absoluto, como dogma estatal, a doutrina do "realismo socialista" em arte[10], que, sob Stálin, levou de roldão, em prol de um academismo crescente e intolerante, as reivindicações esteticamente revolucionárias dos artistas de vanguarda, inclusive daqueles como Maiakóvski e seu grupo da revista *Lef* – alistados no ideário da Revolução de Outubro.

De 1955 para cá, com a desestalinização, indícios de desburocratização artística começam a apontar na União Soviética e em alguns países socialistas[11]. Um crítico como Georg Lukács, que nunca rezou de boa índole pela cartilha ortodoxa dessa doutrina estética oficial, já apresenta

---

9 Cf. *Recherches Soviétiques*, 7, Paris: Éditions de la Nouvelle Critique, 1957. Em português, B. Schnaiderman, *A Poética de Maiakóvski*, p. 229. O poema Incompreensível Para as Massas, por mim traduzido posteriormente, encontra-se em B. Schnaiderman; A. e H. de Campos, *Maiakóvski: Poemas*, Rio de Janeiro: Tempo Brasileiro, 1967 (9. ed., São Paulo: Perspectiva, 2013, p. 123).

10 Essa implantação deu-se por volta de 1932; cf., p. ex., Éttore Lo Gatto (cura e traduzione), *L'Estetica e la Poetica in Russia*, Firenze: G.C. Sansoni, 1947.

11 Este estudo foi escrito em 1961, registrando, pois, as impressões do tempo e da circunstância. Não poderiam ser tomados em conta, evidentemente, os eventos posteriores à "descompressão" relativa ao interregno khrushoviano, com as novas manifestações de "regelo" e autoritarismo cultural que se lhe sucederam.

uma posição consideravelmente mais aberta em seu *La Signification présente du réalisme critique* (Paris: Gallimard, 1960), embora ainda eivada de restrições mentais e esquematizações quanto ao verdadeiro significado da obra de um James Joyce, por exemplo[12]. Na Polônia, repetem-se os festivais de música contemporânea (o já famoso "Outono de Varsóvia"), nos quais se incluem a música concreta e a eletrônica e composições instrumentais de vanguarda, existindo mesmo, junto à Rádio-Televisão polonesa, um Estúdio de Música Experimental dirigido por Josef Patkowski[13]. Os jovens informalistas poloneses estiveram presentes na V Bienal de São Paulo (1959), muito lucidamente apresentados no catálogo pelo crítico Mieczuslaw Porebski[14]. A nova

[12] Sartre, em Question de méthode (*Critique de la raison dialéctique*, Paris: Gallimard, 1960), refuta duramente algumas dessas esquematizações. Nega, por exemplo, a caracterização lukacsiana de Joyce como um "fetichista da interioridade", para afirmar, ao contrário, que o escritor irlandês se propunha "criar um espelho do mundo, contestar a linguagem comum e lançar os fundamentos de uma nova universalidade linguística". À evolução do pensamento crítico de Lukács, Adolfo Casais Monteiro dedicou parte substancial de seu importante relatório "Crítica Sociológica", apresentado ao recente II Congresso de Crítica e História Literária (Faculdade de Filosofia, Ciências e Letras de Assis, julho, 1961).

[13] Veja-se a maneira compreensiva como o crítico Zdzislaw Sierpinski, da revista oficial *Polônia* (ed. em língua espanhola), considerou o problema da música concreta e eletrônica em seu comentário ao III "Outono de Varsóvia": "Pode-se não estar de acordo com as desnaturalizações musicais dos representantes do modernismo extremado, mas parece que não se poderá expressar um juízo sobre esta criação até que se passem muitos anos, quando tenha saído de sua infância e possa apresentar uma teoria e uma prática sólidas. Ademais, cada vez que nasce uma oposição, ao ouvir esta música sempre volta a dúvida, se não será a música do porvir, trazida pela época das viagens interplanetárias, se não é a música dos novos tempos. Quem sabe!..." Sobre a orientação vanguardista do festival polonês, ler o pronunciamento do musicólogo Eurico Nogueira França, Um Exemplo de Festival: o Outono de Varsóvia, *Correio da Manhã*, R. Janeiro, 29 out. 1960.

[14] "Não querem reproduzir o mundo que os circunda, sem todavia lhe impor seus próprios mundos, frágeis e abstratos. Dele fazem parte; nele participam pela materialidade de seu sinal, pela evidência e franqueza do procedimento pictórico, pela prudente consciência da exiguidade e do fracionamento do seu chamado artístico. Eis por que são definidos e concretos. Fogem à metáfora, criadora de mitos. Não admitem nenhuma

arquitetura principia a readquirir prestígio na URSS, reclamando uma reconsideração das ideias construtivistas[15], e Iliá Erenburg já se permite reivindicar a franquia dos museus soviéticos aos próprios pintores suprematistas e construtivistas de ao redor dos anos 1920 (Maliévitch, Tátlin, Popova, Rosánova etc.), cujas obras sofrem ainda a longa hibernação do veto oficial[16]. Liberta da interdição, é exibida em 1958 na Exposição Internacional de Bruxelas e, no ano seguinte, em Paris, no Pagode, a segunda parte de *Ivã, o Terrível*, de Eisenstein, este extraordinário cineasta que tratou a montagem cinematográfica em termos de ideograma e que, em 1945, foi tachado de "formalista" e "desviacionista" pelos censores stalinistas. Um filme como *Quando Voam as Cegonhas* (1957), premiado com a "Palma de Ouro" no Festival de Cannes de 1958, indica que uma lufada de oxigênio insufla de novo a cinematografia russa. Os inéditos de Maiakóvski são editados pela Academia de Ciências e, segundo o depoimento de Etiemble, professor de Literatura Comparada da Sorbonne, que visitou Moscou em outubro de 1958, essa edição-bomba – coligindo cartas e textos diversos do poeta, nos quais ele se bate por uma ideia de vanguarda em arte e por escritores e artistas posteriormente incluídos no índex do regime – era àquela altura o tema predileto das conversas dos estudantes universitários moscovitas[17]. As peças de teatro do poeta, após um longo eclipse, começam a ser reexibidas com sucesso, inclusive

contextura emocional ou evocadora suplementar, fora daquela que conseguem liberar diretamente da matéria do quadro" (Do catálogo, ed. Museu de Arte Moderna, São Paulo).

15 Leiam-se os pronunciamentos do escritor Niekrássov e do arquiteto Vlássov transcritos por François Fejto no artigo Novo Degelo na Literatura e nas Artes Soviéticas (tópico "Resolução na Arquitetura"), *O Estado de S.Paulo*, 5 fev. 1961.

16 Cf. Arte Moderna na União Soviética, Cap. 6 do livro II da obra autobiográfica de Iliá Erenburg, *Gente, Anos, a Vida*, publicado em janeiro de 1961 na revista *Nóvi Mir*, e traduzido para o português por B. Schnaiderman (*O Estado de S.Paulo*, 3 set. 1961).

17 Depoimento referido por K.S. Karol, ver nota 5 supra.

Os Banhos, sátira contundente aos burocratas[18]. Mas tudo isso são apenas augúrios, presságios de um renascimento que só o tempo poderá confirmar, pois o "paternalismo" do interregno Khruschóv ainda envolve uma forma autoritária de dirigismo artístico, se bem que sob *facies* mais benevolente[19]. Ainda agora, na VI Bienal de S. Paulo, vemos a parada antediluviana que é a seção soviética de artes plásticas, a contrastar com a representação tcheco-eslovaca de teatro, onde pontifica um cenógrafo de vanguarda do porte de Joseph Svoboda[20]. A edição das obras completas de Maiakóvski, trabalho monumental organizado pela Academia de Ciências da URSS, surge provida de pífias contraditas acacianas às ideias estéticas do poeta (felizmente sob a forma de notas marginais, sem interferência no texto...) e, o que é pior, expurgada puritanamente de palavras consideradas obscenas!... Estas revelações foram feitas, em artigo recente, por Boris Schnaiderman, o mais autorizado expositor e crítico da literatura russa entre nós[21]. Aqueles que querem ressuscitar

---

18 Consulte-se *Majakovskij e il teatro russo d'avanguardia,* Turim: Einaudi, 1959, de Angelo Maria Ripellino, professor de língua e literatura russa na Universidade de Roma. Trata-se de obra fundamental para a consideração não apenas do teatro, mas de toda a arte russa de vanguarda, levada a cabo com base em pesquisas desenvolvidas em Moscou, especialmente na Biblioteca-Museu Maiakóvski e junto aos amigos e estudiosos do poeta. (Trad. bras.: *Maiakóvski e o Teatro de Vanguarda,* São Paulo: Perspectiva, 1971.)
19 Basta ler as "Ideias de Nikita Khruschóv Sobre o Papel dos artistas e Críticos" (transcrição da revista *Kommunist,* publicada em *O Estado de S.Paulo,* 11 e 18 jun. 1961), onde o dirigente soviético invoca o "direito do líder" para decidir questões artísticas.
20 Sabe-se que as autoridades culturais soviéticas não acederam à sugestão que lhes fez o crítico Mário Pedrosa, Diretor do Museu de Arte Moderna de S. Paulo e organizador da VI Bienal, no sentido de ser enviada à grande mostra brasileira uma retrospectiva do construtivismo e do suprematismo russos das primeiras décadas deste século, movimentos interditados oficialmente, mas cujas obras se encontram nos depósitos dos museus de Moscou e Leningrado.
21 Maiakóvski Reeditado na Rússia, *O Estado de S.Paulo,* 8 abr. 1961, Suplemento Literário: "Realmente, era preciso um ato de coragem para fazer uma edição tão acadêmica da obra do poeta antiacadêmico por excelência", adverte B. Schnaiderman desde logo, embora reconhecendo a importância documentária dessa reedição.

a Vênus acadêmica em todos os domínios da arte estão atentos para tudo congelar de novo na sua reação obscurantista e paralisante, como se nessa esfera nenhuma revolução tivesse acontecido[22]. Mas quando um escritor como Iúri Oliecha, em artigo evocativo, pode afirmar com todas as letras que Maiakóvski, se vivo, teria julgado com severidade a estátua que lhe erigiram em Moscou[23] – monumento que certamente consultou (e consulta ainda) o gosto oficial dominante –, é porque a estrutura monolítica da "arte dirigida" já exibe uma fissura inocultável, cujo alastramento poderá ter consequências imprevisíveis, tanto mais que há toda uma tradição de arte russa de vanguarda a recuperar – em poesia, em teatro, em música, em artes plásticas, em cinema, em crítica literária inclusive – coincidindo com os primeiros anos da Revolução, até a paralíse stalinista (1932, aproximadamente)[24]. É, neste quadro complexo e

22 "Recordo-me de que há vinte anos levantamos a questão de uma nova beleza. Dizíamos que a beleza marmórea dos museus, todas essas Vênus de Milo sem braços, toda essa beleza clássica grega, não podia satisfazer as milhares de pessoas que, em meio aos ruídos da cidade, ingressavam numa vida nova, engajando-se no futuro pelo caminho da revolução. Hoje, durante a conferência, a camarada Koltzova, presidente da mesa, me ofereceu uma bala. No Invólucro, a marca: 'Armazém do Estado de Moscou'. E em cima, a mesma Vênus, como sempre! Assim, aquilo contra o que se luta e se lutou desde há 20 anos entra hoje na vida. Essa mesma velha beleza dessorada se difunde entre nós pelas massas até mesmo na embalagem dos caramelos, de novo ela envenena nosso cérebro e nossa concepção de arte" (Maiakóvski, "Meu Trabalho", notas taquigráficas das palavras proferidas pelo poeta em 25 mar. 1930, por ocasião da exposição "Vinte Anos de Atividade Poética de Maiakóvski", Moscou, Casa do Komsomol (cf. *Recherches Soviétiques*, e em português, B. Schnaiderman, *A Poética de Maiakóvski*).

23 "Em Moscou há dois monumentos a Maiakóvski: um deles é uma estátua, que, com toda a certeza, ele teria julgado com severidade; o outro, uma estação do metropolitano, que recebeu seu nome, e que, indubitavelmente, tê-lo-ia entusiasmado, a ele, enamorado do industrial. É uma estação belíssima, com as paredes de arcos de aço que recordam as máquinas. Algo muito industrial [...] A camisa acerada de Maiakóvski ditou-me a mente" ("Evocação do Mestre", *Literatura Soviética,* periódico em espanhol, Moscou, 2, 1961).

24 Veja-se o prognóstico de Roman Jakobson, na introdução à antologia *La Poésie russe*, coligida por Elsa Triolet (Paris: Seghers, 1965): "A época das grandes reformas poéticas colocou tantos marcos novos, que

contraditório, mas fermentado de sugestões, que se põe a ideia de um reexame crítico da arte de Maiakóvski, a partir de um poema dado, com enfoque na sua contribuição criativa fundamental para a vanguarda poética de nosso tempo.

Arquitetura Espacial do Poema

"Sierguéiu Iessiêninu" (S.I.) é um poema basicamente estruturado sobre um módulo de quartetos (segmentos de quatro versos), de rimas cruzadas. São dezenove módulos ao todo, sendo que o 14º foge à regra geral, consistindo num sexteto rimando *aabcbc*.

Para que se compreenda a imperfeição com que este esquema descreve a estrutura de S.I., é preciso ter presente que Maiakóvski rompia as leis da poética tradicional e considerava cada poema como um jogo de xadrez, onde, embora haja algumas regras gerais para começar, não pode mais haver repetições de lances, por geniais que sejam, e o movimento inesperado é que desarma o inimigo. Assim, para início de conversa, digo que Maiakóvski é um *poeta espacial,* no sentido de que concebe seu poema como uma partitura de leitura, em que os ictos da emoção são escandidos graficamente no branco do papel, pois: "A nossa pontuação habitual, com pontos, vírgulas, sinais de interrogação e de exclamação, é demasiado pobre e pouco expressiva, em comparação com os matizes de emoção, que hoje em dia o homem tornado mais complexo põe numa obra poética."[25]

Com razão Lila Guerrero colocou Maiakóvski na linhagem mallarmaica, escrevendo: "Filho preferido de Walt Whitman, irmão maior de Arthur Rimbaud, tomou de Stéphane Mallarmé, e especialmente de *O Lance de Dados,*

seus preceitos enriquecem até hoje as experiências multiformes e apaixonantes das gerações ulteriores, que se opõem vivamente a todas as veleidades de fazer voltar para trás a poesia, assim como a arquitetura e a pintura, e de deixá-las enregelar no estado de hibernação da era vitoriana."
25 Como Fazer Versos?, op. cit., p. 199.

o verso escalonado que o grande poeta francês iniciou para fixar sua extraordinária sensibilidade numa estrofe nervosa, curta, vibrante. Estrofe para a melhor confissão escalonada do espírito, que serviu a Maiakóvski para conversar com as grandes multidões, desenvolvendo como ninguém a poesia tribunícia."[26] Nessa vertente, pode-se dizer que Maiakóvski fez com a dialética espacial de Mallarmé, instrumento para a pura especulação abstrata, o que Marx fizera com a dialética hegeliana: colocou-a de pés sobre a terra, reverteu-a em técnica de marcação elocutória, apta à linguagem do comício e da agitação. Sua poesia tem mais a ver com o mundo dos cartazes de propaganda (atividade a que o poeta dedicou muito de seu empenho, no período de 1919-1922, na agência Rosta, e de 1923 a 1925, a serviço do comércio do

26 Introdução às *Obras Escogidas* de Maiakóvski, t. 1, p. 9-10. O pintor construtivista El Lissitzky paginou uma coletânea de poemas de Maiakóvski. (*Dliá gólossa* / Para ser lido ou Para voz). Trata-se de uma edição publicada em Berlim, em 1923 (cf. A.M. Ripellino, op. cit.), cuja importância como *design* é ressaltada pelo gráfico e pintor suíço Karl Gerstner (que a dá como editada em Moscou, pela Imprensa do Estado, na mesma data) em seu estudo "Integrale Typographie", separata do n. 6/7 da revista internacional de artes gráficas *Typographische Monatsblaetter*, 1959. Segundo me referiu o poeta argentino Agustin Larrauri, autor da tradução espanhola do *Un Coup de dés* (*Un Golpe de Dados*, Córdoba: Mediterránea, 1943), hoje residindo em Paris, Lila Guerrero, na exposição iconográfica comemorativa do vigésimo aniversário da morte de Maiakóvski, por ela organizada no Instituto Argentina-URSS de Buenos Aires, teria exposto, lado a lado, cartazes com poemas de Maiakóvski graficamente espacializados e amostras do "Lance de Dados". A hipótese de Lila Guerrero envolve uma ideia objetiva de *linhagem* como evolução de formas e legado artesanal (a precursão de Mallarmé com respeito ao simultaneísmo cubista e à neotipografia fururista é ponto hoje assente). Independe, pois, de um conhecimento direto do poema constelar de Mallarmé por parte de Maiakóvski, legatário por sua vez do futurismo e do cubismo. Na ambiência da vanguarda russa a valorização dos recursos tipográficos e da página estava tematizada, como se pode verificar do manifesto dos irmãos Burliuk, "Princípios Poéticos" (1914), traduzido por Léon Robel, *Manifestes futuristes russes*, Paris: Les Éditeurs Français Réunis, 1971. Cf. p. ex.: "Considerável, também, é a importância da disposição do que é escrito no campo do papel. É o que compreendiam admiravelmente Alexandrinos tão refinados como Apolônio de Rodes e Calímaco, que dispunham seus escritos em forma de lira, de vaso, de gládio etc..."

Estado) do que com a ideia tradicional de lírica[27]. Evidentemente, esta fragmentação da estrofe tem propósitos rítmicos definidos (e Maiakóvski tinha do ritmo uma noção de extrema atualidade: "O ritmo é a força básica, a energia básica do verso. Não se pode explicá-lo, disto só se pode falar como se fala do magnetismo ou da eletricidade, o magnetismo e a eletricidade são formas de energia")[28]. Eisenstein descreve o corte da estrofe em Maiakóvski em termos de montagem cinematográfica, assinalando que o poeta não escrevia em linhas, mas em "shots" (dá como exemplo a estrofe inicial de S.I.); Hugh Kenner equaciona esta observação do grande criador do cinema russo com a ideia da estrutura poemática ideogrâmica, preconizada por Ezra Pound[29]

Por outro lado, Maiakóvski é categórico quanto à noção acadêmica de métrica (algo que entre nós se confunde com uma persistente nostalgia parnasiana), recusando-se a prestar tributo a suas leis: "Não conheço nenhum dos metros. Estou simplesmente convencido, no que se refere ao meu trabalho, que no caso de temas heroicos e grandiosos, é preciso utilizar medidas longas, com muitas sílabas, e para temas alegres, medidas curtas." Em outra passagem de "Como Fazer Versos?", acrescenta: "Falo com toda a honestidade. Não conheço nem iambos nem troqueus, nunca os diferencei, nem vou diferençá-los. Não porque seja trabalho difícil, mas porque nunca precisei lidar com essas coisas em meu trabalho poético."[30] Assim, na tradução, optei com

---

27 Cf. Elsa Triolet, *Maiakovski: Vers et Proses*, op. cit., e A.M. Ripellino, op. cit. Colaboraram com Maiakóvski pintores construtivistas como Ródtchenko. Não obstante a reação da crítica a uma atividade que considerava indigna de um poeta, Maiakóvski reputava seus slogans e *motes* de propaganda como "poesia da mais alta qualidade" e muito se valeu da experiência adquirida neste campo em seus poemas e peças de teatro.

28 Como Fazer Versos?, op. cit., p. 187. "Ritmo: força relacional", cf. Décio Pignatari, Nova Poesia – Concreta, *AD – Arquitetura e Decoração*, São Paulo, n. 20, nov./dez. 1956.

29 Sierguéi Eisenstein, *The Film Sense,* New York: Harcourt Brace, 1947. Hugh Kenner, *The Poetry of Ezra Pound,* London: Faber and Faber, 1951.

30 Op. cit, p. 188 e 173, respectivamente. Oswald de Andrade diria algo semelhante: "Eu nunca fui capaz de contar sílabas. A métrica era coisa a que

toda a naturalidade pelo verso livre e pela estrofação condicionada ao *tonus* do segmento considerado, no que respeita a versos de medida mais curta ou mais longa.

Quanto à rima, é uma pedra de toque da arte de Maiakóvski. Não apenas a rima comum, consonante, mas a assonância e todo um feixe sutil de coincidências, respostas e contrastes sonoros. "A consonância final, ou rima, é apenas um dos inúmeros meios de amarrar entre si as linhas, e a bem dizer, o mais singelo e grosseiro." Maiakóvski costuma colocar a palavra mais característica no fim da estrofe e em seguida vinculá-la sonoramente ao material anterior, tomando os sons mais típicos da palavra a rimar. Nesse rimário imprevisto e heterodoxo, resulta muitas vezes que o poeta (que também não deixa, quando calha, de usar a consonância) se apoie apenas em recônditas afinidades fonéticas das últimas sílabas das palavras, como repara Karl Dedecius. Outras vezes, faz verdadeiros retrógrados ou "caranguejos" fônicos, rimando ao arrepio da sequência de fonemas, rimando às avessas, por assim dizer, dentro de regiões sonoras que constrói no segmento do poema. Trata-se de uma rejeição até programática da "simetria gramatical" e da "congruência fonética", em prol da "assimetria morfológica", obtida através de "rimas difíceis", colhidas em "esferas semânticas díspares"[31]. Estes recursos de "orquestração verbal" poderiam encontrar uma tradição secular na poesia humorística russa, embora a sua utilização moderna nem sempre responda a motivações satíricas[32]. Óssip Brik,

minha inteligência não se adaptara, uma subordinação a que eu me recusava terminantemente" (depoimento citado por Mário da Silva Brito, *História do Modernismo Brasileiro*, São Paulo: Saraiva, 1958). Comparar o que diz Ezra Pound no seu breve "Tratado de Métrica" (incluso no *ABC of Reading*, de 1934: em português, *ABC da Literatura*, São Paulo: Cultrix, 1970): "Acredito que os *versos livres* de Shakespeare vão de dez a dezessete sílabas, mas não tenho intenção de contá-los novamente ou recenseá-los. Nenhuma dessas nugas professorais tem nada a ver com a questão. Homero não perguntava qual das 64 fórmulas permitidas deveria usar no seu próximo verso."

31 Victor Erlich, *Russian Formalism: History-Doctrine*, Haia: Mouton, 1955.
32 Ibidem. Ver também René Wellek e Austin Warren, *Teoria Literaria*, Madrid: Gredos, 1959.

amigo da primeira hora e crítico de Maiakóvski, estudou mesmo as "figuras aliterativas", as "repetições sonoras" (de "grupos consonantais") na poesia dos futuristas russos, que recusavam o ideal simbolista da "melifluência" em favor da dissonância, ou seja, de "combinações sonoras difíceis", consideradas "não manipuláveis". Nesse sentido, Maiakóvski insistia que havia ainda "boas letras" no alfabeto russo deixadas à margem pelos poetas, tais como *er, cha, shcha*...[33] Para recriar em português a resultante disto que Maiakóvski chamou "trabalho fonético", vali-me de todos os recursos possíveis e à minha disposição: aliterações, coliterações, rimas imperfeitas, assonâncias, e, ainda, procurei estabelecer, dentro dos módulos estruturais do poema (quartetos basicamente), regiões de contágio, contraponto ou contraste fônico. Nem sempre adotei o esquema geral de rimas cruzadas do original. Usei, conforme me impunha a elaboração do contexto, rimas emparelhadas ou mesmo apoios rímicos extrapolados do fim de uma linha (ou mais exatamente, de um "shot" ou icto) para o meio ("shot" ou icto intermediário) de outra etc., seguindo ainda neste passo a lição do poeta, quando esclarece no ensaio que estou comentando:

---

[33] V. Erlich, op. cit., p. 54-55, nota 26. O principal trabalho de Brik, "Ritmo e Sintaxe", 1927 (parte de um livro sobre o assunto, jamais publicado em forma conclusa), é hoje acessível no texto russo e em versão alemã em Wolf-Dieter Stempel (org.), *Texte der Russichen Formalisten*, München: Wilhelm Fink, 1972, v. II.; extrato em francês em T. Todorov (org.), *Théorie de la littérature/Textes des formalistes russes*, Paris: Seuil, 1965; em inglês, L. Matejka e K. Pomorska, *Readings in Russian Poetics*, Cambridge.: MIT Press, 1971. A advertência de Maiakóvski sobre as letras (fonemas) difíceis do russo está no poema "Ordem ao Exército das Artes":
> Empilhem som com som
>   e avante, céleres
>   o silvo e o canto.
> De letras úteis existe outro tanto:
>   Cha,
>   Shcha,
>   Erre...

Mário de Andrade, em seu ensaio de estética modernista "A Escrava Que Não É Isaura" (1922), menciona esses versos (que teria lido provavelmente em versão francesa), dando-os como parte de um "trecho arquimoderno de Maiakóvski".

"Geralmente, dá-se o nome de rima a uma consonância nas últimas palavras de duas linhas, quando a mesma vogal tônica e os sons seguintes coincidem aproximadamente. É o que todos dizem, e, no entanto, é uma bobagem [...] Pode--se rimar também o início das linhas [...] Pode-se rimar o final de uma linha com o início da seguinte [...] Podem--se rimar os finais da primeira e da segunda linha com a última palavra da terceira ou quarta etc. etc., até o infinito."

Uma consideração final, antes de entrar no exame do contexto do poema e na análise e justificação pormenorizada da tradução: a *economia*, para Maiakóvski, é a lei fundamental de toda produção estética. Daí que a sua discursividade, num poema como S.I., seja constantemente contida nos diques da condensação e do despojamento, que as ligaduras lógicas sejam substituídas por uma técnica mais direta, *presentativa*, ou – como ficou dito acima – de montagem do tipo ideogrâmico-analógico, própria, aliás, do que Max Bense chamou "Plakatwelt" (mundo do cartaz de propaganda, da publicidade, do jornalismo). Sua retórica, sempre cortada cerce, se detém no "Sloganstil" (expressão de Karl Dedecius).

Contexto do Poema

No nível semântico se põe aquilo que, para Maiakóvski, é o encargo social do trabalho poético (considerado por ele como uma "forma de produção: dificílima, complexíssima, porém produção"). A participação, a visada ideológica, para o grande poeta russo, deve informar isomorficamente uma forma nova, pois – são ainda suas palavras – "a novidade, novidade do material e do procedimento, é indispensável para toda obra poética"[34].

---

34 Na nova Estética de Max Bense, de base teórico-informativa e estatística, a inovação é a marca distintiva da informação estética, que justamente "transcende a semântica no que concerne à imprevisibilidade, à surpresa, à improbabilidade da ordenação dos signos" (cf. Das

Sierguéi Iessiênin, poeta nascido em 1895, representa a variante russa do *imagismo* da literatura de língua inglesa. Não certamente do *imagismo* à Pound, que é no fundo um exercício de despojamento e linguagem direta para uma dicção mais ambiciosa; mas do *imagismo* dos cromos líricos, do círculo daqueles poetas de pendência paisagística e bucólica ligados ao movimento por uma aparente solidariedade em torno do problema da imagem visual[35]. Iessiênin, o cantor nostálgico do ambiente rural, o "guitarrista gitano", é assim uma espécie de polo oposto de Maiakóvski, o poeta-propagandista, vertiginosamente integrado no ritmo industrial do futuro. Em seu último poema, "Vo Viés Gólos" (A Plenos Pulmões, 1930), concebido como introdução a uma peça mais longa, de exaltação ao plano quinquenal, que não chegou a ser escrita, Maiakóvski deixa patente esse antagonismo: refere-se criticamente às serenatas iessieninianas "proto-primevas" ou "arquiarcaicas"[36],

Existenzproblem der Kunst, *Augenblick,* 1, Darmstadt: J.G. Blaeschke, 1958). Ver, a propósito, "Umbral Para Max Bense", minha introdução à ed. brasileira da *Pequena Estética,* São Paulo: Perspectiva, 1971.

35 Piergiovanni Permoli, Appunti sull'imagismo in America ed in Russia, *Nuova Corrente,* Genova, n. 5-6, jan.-jun 1956 – número especial dedicado a Ezra Pound. Piermoli salienta que, para Iessiênin, o imagismo, em lugar de um simples estágio preparatório, foi o meio adequado, mais vizinho à sua sensibilidade, para retornar como um camponês a sua terra e cantar as noites estreladas, a lua alta no céu, a fantasmagoria dos ícones, o silêncio do campo, o calor das tabernas.

36 Elsa Triolet e Aragon (em *Maïakovski,* Paris: P. Seghers, 1943) adaptam o verso citado, chegando a uma versão que me parece forçada: "comme un hérossignol esséninien", pois interpretam o original (*kak piéssienno-iessiénienii provítiaz*) assim: "comme un chant esséniniaque prépaladin", donde a palavra-montagem – engenhosa, porém incorreta – "hérossignol" (héros + rossignol). A solução faz intervir uma nota de "heroísmo" que não se casa com o contexto pejorativo, onde é antes evidenciado, perante o leitor de um mundo futuro, o caráter arquienvelhecido da lírica iessieniniana. A palavra *provítiaz*, forjada por Maiakóvski com o prefixo *pro* ("atravessar completamente", "seguir ao longo de") + *vítiaz* (antigo guerreiro das lendas russas), está investida de um claro propósito bufo. A posição de Maiakóvski em relação a Iessiênin, em seus vários aspectos – ataques ferozes; tributo de dor e admiração por ocasião do suicídio; combate posterior à influência deletéria de Iessiênin sobre a juventude é focalizada por Boris Schnaiderman em seu artigo "Um

identificando-as com uma ideia de poesia sentimental e mandolinante, ao passo que se autodescreve como um "agitador", um "caudilho vociferante"[37]. De fato, para Maiakóvski, interessado em inserir a poesia na era industrial e para quem o trabalho formal do artista era uma "engenharia necessária à configuração de toda a vida prática"[38], Iessiênin surgia no outro extremo, como o poeta de concepção tradicional, alienante, disposto a fazer a apologia da "vaca", a tomá-la como "símbolo" e a erigir um "monumento vacum" para enfrentar a locomotiva a chifradas.

Numa fase mais madura, todavia, Iessiênin parece ter sentido o chamado ideológico, procurando aproximar-se dos escritores engajados na Revolução, inclusive do grupo da revista *Lef*. Continuou, porém, fiel a seu espírito boêmio, entregando-se à bebida com o dinheiro fácil que lhe advinha do sucesso de sua poesia. Numa crise de niilismo, acabou por suicidar-se no mais puro estilo romântico: num quarto do Hotel Inglaterra, em Leningrado, cortou os pulsos, escreveu com sangue um poema de despedida, que concluía: – "Se morrer, nesta vida, não é novo, / Tampouco há novidade em estar vivo"[39], e enforcou-se, pendurando-se do conduto de calefação. Seu fim (1925) provocou em Maiakóvski, que nos últimos anos tivera mais contacto com ele, um sincero sentimento de pena, humano e simples (assim se expressa a respeito), embora o desfecho também lhe parecesse, de certa maneira, "lógico e natural". Logo,

Paradoxo de Maiakóvski", Suplemento Literário, *O Estado de S.Paulo*, 6 maio 1961. Na antologia *Maiakóvski: Poemas*, a solução que proponho é: "não como Iessiênin / guitarriarcaico..."

37 Traduzi na antologia citada na nota anterior: "o agitador, / o cáustico caudilho, / o extintor / dos melífluos enxurros".

38 Assim concebia Maiakóvski o "contrutivismo", conforme se lê numa sua correspondência de Paris (dezembro, 1922), a propósito da exposição de arte russa que se realizava em Berlim, apresentando obras e ideias do movimento (apud, A.M. Ripellino, op. cit.).

39 O poema testamento de Iessiênin foi traduzido por Augusto de Campos e se encontra em A. de Campos, B. Schnaiderman e H. de Campos, *Poesia Russa Moderna*, Rio de Janeiro: Civilização Brasileira, 1968. (6. ed. revista e ampliada, São Paulo: Perspectiva, 2001.)

porém, o suicídio de Iessiénin se transformou num acontecimento literário. Por um lado, eram os críticos dogmáticos e burocratizados, os fetichistas da cultura oficial, a reprovar no suicida, de modo esquemático e primário, a boêmia, a bebida, a ausência de sentimento de classe, a rebeldia ao dirigismo artístico, como se tudo fosse uma simples mecânica de causa e efeito; por outro, a legião dos epígonos, a criar um suspeito culto iessieniniano, com a mística da autodestruição e do escapismo.

Maiakóvski se propôs, como "objetivo conceitual" de seu poema, paralisar a ação dos últimos versos de Iessiénin, responder à negatividade de sua mensagem com uma afirmação construtiva e otimista, de confiança na sociedade futura e no fazer humano, quaisquer que fossem as dificuldades do presente. E, paralelamente, defender a dignidade do poeta – dessa esfera do fazer humano que é a criação artística, e que Iessiénin, apesar de tudo que o afastava de Maiakóvski, representava, pelas "passagens poéticas novas" que há em seus livros, como seu próprio antagonista lealmente reconhecia[40]. Defendê-la contra todos aqueles que a profanaram no episódio, tanto os que tentaram, preconceituosamente, recusar-lhe sepultura poética honrosa, pelo fato de se ter suicidado[41], como os que converteram o fim trágico e humanamente doloroso do poeta num pretexto para o lacrimatório desvirilizado e o falso sentimentalismo.

---

40 "Iessiênin não cantava (no fundamental, ele é naturalmente cigano-guitarrístico, mas a sua salvação poética está no fato de que, pelo menos em vida, ele não era aceito como tal, e em seus livros há pelo menos uma dezena de passagens poéticas novas). Iessiênin não cantava, ele xingava, ele dizia o impossível" (Como Fazer Versos, op. cit., p. 196).

41 "Na minha opinião, 99% do que se escreveu sobre Iessiênin é simples baboseira ou baboseira perniciosa. Versos miúdos dos amigos de Iessiênin [...] E nenhuma lágrima dos parentes poéticos ajudará no caso [...] Os versos dos 'inimigos' de Iessiênin, ainda que apaziguados com a sua morte, são versos padrescos. Eles simplesmente recusam a Iessiênin um enterro como poeta, por causa do fato do seu suicídio" (Ibidem p. 182-183).

Análise Pormenorizada e Justificação da Tradução[42]

1. A primeira estrofe é exemplar. Sobre ela Maiakóvski se detém longamente em "Como Fazer Versos?", relatando sua paulatina elaboração. Arrancar o fenômeno "suicídio" de sua "complexa ambiência psicológica e social", tratá-lo em "estilozinho de folhetim" para negá-lo, é algo que "oprime pela falsidade", escreve. Assim, no pórtico do poema, aborda já o tema em dois níveis: um solene, que corresponde ao sentimento do trágico no episódio; outro mais leve e conversacional, através do qual afasta a ideia de "lenga-lenga lacrimejante" e se faz o interlocutor de Iessiênin, como num simples e direto diálogo cotidiano. Contrastam, portanto, versos mais longos com versos mais curtos no quarteto, o que reproduzi na tradução, mantendo, onde necessário, o modo coloquial, a frase cursiva. Tratava-se também de despir o tema de um patetismo excessivo e de todo resíduo animista, de tipo religioso, não correspondente à cosmovisão do autor. Em vez de usar uma fórmula corrente como: "Você se foi... desta para a melhor", que implicaria um conceito hierárquico de "vida melhor" no sentido teológico, segui o original e a recomendação expressa do poeta, empregando uma frase também usual, porém não impregnada do matiz místico de "vida extraterrena". O "outro mundo", na solução adotada, seria, após a finitude da vida física, o mundo das imagens e da cultura, a história enfim,

---

[42] Já estava elaborada minha tradução (junho, 1961) e praticamente concluído este estudo, quando tive a oportunidade de entrar em contato com Boris Schnaiderman, a quem agradeço a atenção que teve para com este trabalho-tentativa, acompanhando a leitura da tradução e das notas explicativas, fazendo-me várias sugestões de detalhes que aproveitei, e, sobretudo, dirimindo minhas dúvidas na versão dos quartetos sétimo, décimo e 16º. Agradeço-lhe, ainda, a solicitude com que me permitiu gravar em fita sua leitura do texto russo, possibilitando-me assim um confronto final, mais rigoroso, entre a sonoridade e o ritmo do original e a respectiva transposição em português. Antevejo nisto os prolegômenos do que eu chamaria um *laboratório de textos* para a tradução de poesia, reunindo, em equipe, poetas e linguistas. Os principais resultados desse "laboratório", ao qual também se associou Augusto de Campos, encontram-se nas antologias *Maiakóvski: Poemas* e *Poesia Russa Moderna*.

onde Iessiênin projetou a legenda de si mesmo, onde, no nível da hominidade, converteu-se em metáfora de si próprio ("Man be my Methaphor", Dylan Thomas). Assim Maiakóvski o vê, "entremeado às estrelas".

Importante recurso do autor neste trecho é o uso substantivo e funcional da disposição gráfico-espacial. Quando margina e isola a palavra *Pustotá*[43] (Vácuo), Maiakóvski tem um propósito deliberado: "*Vácuo* está isolado, como palavra única e que caracteriza a paisagem celeste". Eisenstein serve-se justamente desta segunda "linha" escalonada do quarteto para exemplificar o processo de construção fílmica na poesia maiakovskiana: "*Vácuo* – se tivéssemos que filmar este 'shot', apanharíamos as estrelas de maneira a como que enfatizar o vazio. Todavia, simultaneamente, tornaríamos sensível a presença delas."[44]

Neste quarteto e no fim desta segunda "linha" (ou sequência de "shots") inscreve-se uma rima tipicamente maiakovskiana: busca o poeta, fonicamente, estabelecer afinidades entre o gerúndio reflexivo *vriézivaias* (que traduzi pelo particípio passado "entremeado", mas que poderia ser também vertido por "incrustando-se", não foram as exigências de meu esquema rímico) e o substantivo *Triézvost* (Sobriedade), da quarta linha-membro. Ou seja, entre as séries consonantais *vrzv* e *trzv*. Para completar a faixa sonora desejada, apanha o *st* final da segunda palavra e o equaciona com o *st* e o *t* de *Pustotá*. Para abrandar o choque de *tt* – como salienta – faz intervir a palavra *Lietítie* (Você voa), onde duas dentais (/l/, /t/) são seguidas do som dito "mole" *ie*. Citando os formalistas russos, repara Victor Erlich: "E onde a rima inexata coloca um gerúndio em contraste com um substantivo [...] que a *violência organizada* cometida pelo verso sobre a linguagem ordinária fica agudamente sublinhada."[45]

---

43 Lê-se *Pustatá*, pois o /o/ átono soa em russo como /a/ na pronúncia moscovita (padrão).
44 Cf. S. Eisenstein, op. cit.
45 Op. cit. Registro que em julho de 1966, visitando Roman Jakobson e Krystyna Pomorska em La Jolla (Califórnia), a primeira indagação que

Já vê o leitor que os problemas para uma tradução – não literal, meramente, mas com vontade criativa – eram muitos. Mantive as rimas terminais (sem as quais, segundo Maiakóvski, "o verso se esfarela")[46], usando de consonâncias (mUNDO/fUNDO) e assonâncias (estrELAS/moEDAS). Estabeleci, além disso, "harmonizações" ou regiões de correspondência e contraste fônico: assim a fricativa /v/ aliterando (na vertical) em *você* / *v*ácuo / *v*ocê / *v*oo e coliterando com o /f/ de fundo; o aproveitamento geral das sibilantes, marcado principalmente em *s*obe / *S*óbrio; a reduplicação de consoantes e vogais em EnTREmEAdo ÀS ESTRELAS; finalmente a rima interna, de aparência irregular, entre *Vácuo e álcool*[47]. Conservei a montagem original dos "shots", o tom ora solene, ora coloquial. Creio ter mantido o sentido literal: a ascensão de Iessiênin, desvinculado das contingências da bebida (*álcool,* metonimicamente) e do dinheiro (*moedas:* literalmente: *avmrsa,* genitivo de *avans:* – empréstimo, adiantamento), numa sobriedade de pureza final e de identificação com a sua metáfora de poeta, muito acima dos criticastros que o invectivavam postumamente. Substituí *Você voa* por *Você sobe*: auditivamente, havia excesso de aliterações em /v/ e necessidade de responder no plano sonoro a *Sóbrio*, minha solução para o *Triézvost* (Sobriedade) do original. Acrescentei – liberdade que, penso, o esquema autoriza – o "shot" *Voo sem fundo,* para completar o quadro de rimas terminais e não perder a ideia de voo nessa subida de Iessiênin (portanto, puxei semanticamente a palavra do

---

me fizeram, quando lhes disse que havia traduzido para o português este poema, foi exatamente sobre a solução para *v zviózdi vriézivaias* ("entremeado às estrelas")...

46 "Talvez se possa deixar sem rima? Não se pode. Por quê? Porque sem rima (tomando a rima numa acepção bem ampla) o verso esfarela" (*Como Fazer Versos?*, op. cit., p. 191).

47 Trata-se de um fenômeno de "neutralização": anulação de traços fonêmicos distintivos (quanto às vogais, na pronúncia sincopada), acompanhado pela absorção, na rima, do /1/ pós-vocálico, velar, fonemicamente fraco. Cf. J. Mattoso Câmara Jr., *Para o Estudo da Fonêmica Portuguesa* (em especial o capítulo A Rima na Poesia Brasileira), Rio de Janeiro: Organização Simões, 1953.

Lietítie original). O *sem fundo* extraí da própria ideia de profundidade que há em *Pustotá,* e que, para minha sensibilidade, *Vácuo* não traduz completamente: trata-se não só da profundidade do céu estrelado, onde Iessiênin irrompe como nova estrela, mas do vazio que sua morte deixou entre seus amigos e, ainda, do voo solitário do próprio suicida, desligado finalmente de seus hábitos (ou vícios) humanos e elevado à sobriedade exemplar da lenda. Mais uma vez, afastei do contexto qualquer resquício animista, contrário às intenções do autor, pois o *sem fundo* excluiu a visão de uma abertura transcendente, paradisíaca ou não. Mesmo na adição, forçada pela elaboração sonora, procurei ficar estritamente dentro da área semântica do poema e, mais precisamente, desta primeira estrofe.

2. Neste segundo quarteto, uso nas três primeiras linhas de assonâncias muito próximas (trOçA / mOfA / frOUxAs) e deixo a palavra terminal do quarto verso – *ossos* (de resto, não muito distante da região sonora das outras citadas) – rimar com o segundo segmento do primeiro verso (*posso*), além dos apoios fônicos que recebe de OlhO e invÓlucrO. As correspondências assonantais entre bOcA / mOfA e lAscA / amArgA, bem como a coliteração /k/ – /g/ em boCa, lasCa, amarGa, tentam replicar ao jogo aliterativo e coliterativo do original: v GÓrlie / GÓrie KÓmom (literalmente: na garganta / uma bola de dor), onde há ainda a considerar a rima interna quase homófona de *górlie* e *górie*.

3. Rimas finais em assonância: sENsO/talEN-tO; rOstO/pOUcOs. A rima interna cAL/mortAL procura responder ao jogo sonoro sMIErtiÉLnii MIEL (giz mortal) do texto russo. ImpossÍVEL/hÁBIL (com divergência da vogal tônica e convergência das consoantes homorgânicas /v/ e /b/) quer corresponder ao par zalIVAL (passado em função subjuntiva do verbo *zalivat:* – inundar; na tradução, cobrir) / zaguIBAt (verbo no infinitivo: dobrar, encurvar; popularmente, quebrar a dificuldade). No laconismo da estrofe há uma alusão à arte poética do suicida: Iessiênin, neste campo, era capaz de fazer o que para outros seria impossível. Ou

seja, um aceno à capacidade factiva e ao talento criativo do poeta morto, em contraste com o niilismo de seu gesto final. Creio que respeitei o escopo semântico.

4. Esta foi uma das estrofes mais difíceis de solucionar, na experiência da tradução do poema. A reduplicação interrogativa, exigida pelo original, e o desenvolvimento da ideia poderiam, na versão, abaixar a tensão do texto russo, que está colorido inclusive de uma ironia aguda. Optei, finalmente, por uma dicção coloquial-irônica à Laforgue--Corbière, que de resto me parece a mais apta a responder, ponto por ponto, ao diapasão de Maiakóvski neste quarteto. *Tese/Corolário* traduz economicamente o par: *a glávnoie* (antes de mais nada, em primeiro lugar, preliminarmente) */v riezultátie* (donde resulta, como resultado). *Refratário à sociedade:* no original, pouco "sociável", pouco disposto a integrar-se na sociedade (*tchtó smítchki malo*). Sátira à visão incompreensiva e deformante dos zoilos-burocratas frente ao suicídio de Iessiênin. Esquema de rimas finais em consonância (no original também: smiALO/mALO; vINÁ/vINÁ): para mantê-lo, traduzi *bormótchut* (murmuram, – os comentários malevolentes da crítica) por *esbraveja*, conservando, porém, o espírito da estrofe.

5. Prossegue a sátira e já se transforma em interpelação direta, contra o farisaísmo, o pseudomoralismo dos detratores de Iessiênin. Aqui mantive rimas terminais apenas na terceira e na quarta linha (nOrtE/xarOpE, assonância reforçada pela metátese do /r/). Para o final da primeira linha, estabeleci uma rima interna consoante (troCASSE/clASSE), e para o da última, abstÊMIA, busquei um apoio também consoante, perfeitamente nítido pela força da homologia a partir da tônica, embora no sentido vertical (boÊMIA, segundo segmento da primeira linha). No esquema troCASSE/clASSE se engasta, por assimilação, ACASo (segundo segmento, terceira linha). *E lhe daria um norte* é a minha transposição, dentro da pauta sonora adotada, para a ideia original: *i bilo b nie do drak* (e não haveria mais disposição para briga). *Kvas*, que traduzi por *xarope*, é

uma bebida fermentada, muito popular na Rússia (espécie de cidra). Literalmente: "Pois sim! E a classe mata a sede com *kvas*? A classe não é tola (*durak*): ela também bebe."

6. Continua a interpelação. Introduzi esta estância e a anterior com a partícula afirmativa *Sinn* por se tratar da resposta de Maiakóvski a um interlocutor imaginário. No original, ambos os segmentos se abrem com a fórmula *Diéskat* (dizem, diz-se). *Posto* (*Na postu*): revista literária, defensora da "literatura proletária" com a qual Maiakóvski e a revista LEF polemizavam. No original, *napostóv,* há uma criação vocabular: *dos posteiros* (ou *dos homens do Posto*), com a conotação de "vigias", pois *na postu* significa "de guarda", "de sentinela", simbolizando os zeladores da norma proletária. Dorônin era um poeta do grupo "Jovem Guarda" da RAPP (associação mantenedora da revista), autor do poema participante "O Arador de Ferro". Maiakóvski justifica a comparação empregada neste trecho (recurso imagético que reputa primitivo), dizendo: "Por que *como Dorônin* e não como a distância à lua? Em primeiro lugar, a comparação foi tirada da vida literária porque todo o tema é literário. E em segundo lugar, 'O Arador de Ferro' (não é assim o título?) é mais longo que o caminho à lua, porque este caminho é irreal, enquanto que 'O Arador de Ferro' é infelizmente real. Ademais, o caminho à lua pareceria mais curto devido à novidade, enquanto que as 4.000 linhas de Dorônin surpreendem com a uniformidade da paisagem vocabular e rimática, vista 16.000 vezes."[48] Comente-se que, nesta sua elucidação, Maiakóvski não tomou em conta a previsão dos êxitos astronáuticos da ciência soviética, que lhe dariam infinitamente razão, se comparados à mediocridade artística de certas "obras-primas" oficiais (como, por exemplo, certo monumental arquitetônico tipo "bolo de noiva"), que não se coadunam com o prospecto fascinante do mundo da técnica e ficam, diante dele, como um carro de bois perante uma cosmonave... Por outro lado, o singelo depoimento jornalístico de um Gagárin,

---

48 Como Fazer Versos?, op. cit., p. 194.

reportando sua experiência da viagem pioneira ao cosmo, é muito mais rico em informação do que os longos hinários soporíferos dos Dorônin de sempre...[49]

Rimo *no Posto* e *como Dorônin*, numa assonância imperfeita, facultada pela reiteração de vogais velares (/o/, /u/). Valho-me ainda, para a sustentação do *nin* átono, da terminação de *patrono* e da partícula *no,* palavras que precedem *Posto.* Uma rima regressiva, portanto, envolvendo fonemas de vários vocábulos. Maiakóvski dá o exemplo, rimando *napostóv* com *po stó* (em número de cem). *Ganharia / um conteúdo / bem diverso* é a minha fórmula para:

---

49 Se é verdade que, na passagem citada, Maiakóvski não cogita da era das espaçonaves, convém lembrar que, na segunda versão de sua peça *Mistério Bufo* (1920/1921), o poeta fizera expressamente um vaticínio nesse sentido, escrevendo no Prefácio: "Hoje lança-se para a comuna a vontade de milhões. Daqui a meio século, talvez, atirar-se-ão ao ataque dos planetas distantes os encouraçados aéreos da comuna." (Cf. V. Majakovskj, *Místero Bufo,* trad. italiana de Giorgio Kariskj, Edizioni del Secolo, s/d). A revista *Literatura Soviética,* 2, Moscou, 1961, dá notícia de uma querela recentemente aberta na URSS entre físicos e líricos. Foi a polêmica provocada pelas declarações de um engenheiro, publicadas no *Komsomolskaia Pravda,* no seguinte sentido: "A poesia marcha na retaguarda do progresso técnico e se faz desnecessária. O século XX é o século dos físicos e não dos líricos." Moisséi Márkov, físico da Academia de Ciências da URSS, no mesmo número da revista *Literatura Soviética,* dá um excelente depoimento sobre as relações entre poesia e ciência. Afirma a necessidade de uma poesia criativa, salientando: "Num artigo científico, buscam-se os descobrimentos científicos, ainda que pequenos. Na obra poética, buscam-se os descobrimentos poéticos... Se o lírico - 'não matemático' - inveja a linguagem *exata* e singular da física, o físico admira as ricas possibilidades da linguagem poética, que, a seu modo, com grande exatitude e inusitada concisão, com maravilhosa força plástica, formula situações de suma complexidade que o matemático, para descrever, carece de meios adequados." Aqui, parece oportuno um comentário: se um Dorônin estava na retaguarda de seu tempo, com sua poesia formalmente reacionária (que eu chamaria de "formalista" no sentido pejorativo da palavra, - ligado à *fôrma,* não à forma), pois se compraz num repertório de *formas* dado de antemão, um Maiakóvski, com as invenções de seu laboratório poético, representa, vividamente, o mundo das conquistas técnicas que culminaram nos voos espaciais, antecipando-o mesmo no plano artístico. Lembre-se este fragmento do poema "V Internacional", traduzido por Augusto de Campos: "Eu / à poesia / só permito uma forma: / concisão, / precisão das fórmulas / matemáticas." *Maiakóvski: Poemas,* p. 94.

"Tornar-se-ia muitíssimo mais dotado em conteúdo" ou "Ganharia muitíssimo mais em conteúdo" (*stáli b / sodierjániem / priemnógo odariônniei*). Como se vê, Maiakóvski rima ainda, imperfeitamente, *Dorônin* com *odariônniei* (mais dotado). *Longos e lerdos* reproduz, aliterativamente, o caricatural *utomítielno i dlinno* (de maneira fatigante e longa) do texto russo.

7. Uma das estrofes mais admiráveis do poema. Nela a ironia e mesmo o furor lúcido de Maiakóvski contra os detratores de Iessiênin se apara em lâmina afiada. À miragem empedernida dos burocratas, que tudo supunham resolver com a senha mecânica de um engajamento na "literatura oficial", coma se se tratasse da simples troca do conteúdo de dois vasos, a esse "delírio" ou *despautério* (a palavra *briéd* tem ambos os sentidos) de tipo "voluntarista" (como diria Sartre), Maiakóvski opõe o gume cortante de seu escárnio, dimensionando através dele – não como justificativa, mas como ensaio de compreensão mais funda – o gesto desesperado de Iessiênin. Rimo em assonância despauTÉrIO/TÉdIO, e faço rimar COrdA com vODCA, aproveitando-lhes os fonemas vocálicos e as consoantes oclusivas /k/, /d/. Na vertical, harmonizo ReMÉDIO (palavra que introduzi) com o par despauTÉRIO/TÉDIO. As primeiras linhas do original são assim: "Mas a meu ver / se sucedesse / um tal despautério, mais cedo ainda / você se teria suicidado." Nas duas outras, a tradução é literal.

8. Aqui, depois do impacto máximo da emoção na estrofe anterior – o sentimento do trágico despertado pelo ato de Iessiênin – começa o trabalho dialético de neutralização dos efeitos negativos do suicídio do poeta. O ritual suicida, com sua aura romântica (algo "démodée"), é contrastado com a imagem trivial da falta de tinta no hotel Inglaterra e, assim, esvaziado de consequências patéticas. Rimas: imPULSO/PULSOs; aBERTA/inglaTERRA, ambas imperfeitas (notar que o /t/ pretônico de InglaTerra é envolvido no esquema fônico). Este último par responde ao russo poTIÉRI (de *potiéria*, perda) / AnglieTIÉRIe. Procurei uma

aliteração em /n/ (Nem o Nó, / Nem a Navalha) para replicar ao zoneamento sonoro que Maiakóvski obtém na estrofe. Percebo nitidamente, por exemplo, analogias fonéticas entre *nójik* (faquinha, canivete), *mójet* (talvez, pode ser), *okajis* (se se encontrasse, imperativo em função condicional, forma reflexiva, do verbo *okazát*).

9. Ironização dos epígonos, dos imitadores, que repetem desarrazoadamente o exemplo do suicida. O gesto, já vazio de significado, é equacionado agora, não sem uma ponta de humor negro, com a lembrança factível de uma tarefa útil: "aumentar a produção de tinta" (para que não se tenha necessidade de escrever poemas com o sangue das próprias veias..."). Parece-me que, neste passo, Lila Guerrero não traduziu com exatidão: "Contra él / casi un pelotón entero / parecía haber realizado el atentado." Aqui não se trata dos desafetos, que gostariam de ver Iessiênin morrer muitas vezes, mas, ao contrário, de "discípulos", de prosélitos sugestionados e prontos a se autoexecutarem, arremedando o ato do ídolo ("Cerca de um pelotão se autojustiçou", seria a tradução literal). O tom de burla é propositado e põe a nu a falsidade dessa atitude de empréstimo. Rimo apenas as terminações das duas últimas linhas (em assonância): suicIdAs/tIntA, aproveitando também a coliteração das linguodentais /t/, /d/. Valho-me de rimas internas nas duas primeiras linhas. Assim, felIzes/bIS, que reproduz o efeito do original em obrádovalIS (alegraram-se)/bIS. E ainda, pelotÃO/execuçÃO. Harmonizo este segundo par com produçÃO, na vertical (última linha-membro), pois Maiakóvski acrescenta à primeira dupla rimada uma terceira palavra, samouBÍIStv (de *samoubíistvo*, suicídio).

10. Rimas: ceRRAdA/algazARRA; enIGmAS/línGuAS. Ambas imperfeitas, com aproveitamento de coincidências consonantais (/r/ no primeiro caso; o fonema consonântico nasal no segundo). O poeta se recusa às intermináveis especulações abstratas sobre o suicídio, porque considera "difícil e inoportuno forjar mistérios" (*tiajeló i nieumiéstno razvodit mistiérii*). Prefere falar na perda sofrida pelo povo,

o "inventa-línguas" (*iazikotvórtza*), que ficou privado para sempre de seu companheiro canoro. O povo cria línguas. O poeta é "a antena da raça" (Pound). Ou aquele que "dá um sentido mais puro às palavras da tribo" (Mallarmé). Só que, para Maiakóvski, o povo é o primeiro criador, o mestre; o poeta é o *contramestre* ou aprendiz (*podmastiérie*), excluída assim a eventual nota aristocrática (de "eleição"), que haveria tanto na colocação de Pound, como na de Mallarmé.

11. Começa agora a descrição – que tomará cinco estrofes – dos ritos fúnebres em torno do poeta-suicida. Intervém no contexto o sentimento de *profanação*, despido de sacralidade, mas no nível mais densamente humano de respeito à obra e à dignidade de Iessiênin em particular e do poeta-criador em geral. "É preciso conquistar de uma vez a simpatia do auditório, atacando os que tornam vulgar a obra de Iessiênin, tanto mais que eles também tornam vulgar toda outra obra de que se ocupam, em suma atacar todos estes Sóbinov..."[50] Rimas: velóriO/despOjOs; exÉquiAs/poEtA, ambas em assonância. Harmonizo sucATA/gAsTAs, na vertical (com o reforço da coliteração /k/, /g/). Uso de esquemas aliterantes, seja na repetição da fricativa /v/ (e leVam / Versos Velhos / ao Velório), seja no efeito de sibilação produzido em eXtintaS eXéquiaS (onde se observam também convergências na pauta vocálica). Isto visa a reproduzir a reiteração de fonemas como /kh/, /p/, /k/, acompanhados de /o/ ou /a/ ("o" átono), e a aliteração em /r/, efeitos salientes no texto original. Todo este trabalho sonoro empresta à estância uma andadura em ladainha, como que parodiando o ritual. Há aqui uma reminiscência burlesca das cerimônias mortuárias da Rússia tradicional, nas quais se faziam libações à alma do defunto e se entoavam versos elegíacos[51]. Realmente, Maiakóvski explica que recorre à metáfora nesta estrofe para transportar certas particularidades de coisas conhecidas à situação que procura configurar, através de uma "transferência de definições".

50 Como Fazer Versos?, op. cit., p. 193.
51 Há aqui um típico efeito de "carnavalização", tal como o definiria Mikhail Bakhtin em seu livro de 1929 sobre a poética de Dostoiévski.

Como no caso mais simples da "imagem tendenciosa", a que se refere o poeta quando comenta a comparação *versos longos e lerdos, / como Dorônin,* aqui também o processo de metaforização aproveita as sugestões do ambiente e do cotidiano para imprimir vivacidade imprevista ao contexto do poema[52].

Assim, *a sucata, os versos velhos* (em russo, *stikhóv lom,* sucata de versos), seriam as dessoradas elegias, de tantos enterros anteriores, que os profanadores-carpideiras teriam trazido ao velório de Iessiênin, sem mesmo se dar ao trabalho de polir as *rimas gastas*. Dentro da linha semântica regida pela ideia da "profanação", permiti-me um giro ainda mais dramático que o do original: onde se diz *v kholm / tupíie rífmi / zagoniat kolom* ("no túmulo cravam rimas obtusas como estacas"), empreguei a imagem da "empalação" dos despojos inermes pelas *rimas gastas*, com toda a conotação medievalesca de suplício. Lila Guerrero omite este verso tão importante.

12. Prossegue a metaforização, agora com uma nota "excrementícia". Rimas: monuMENTO/excreMENTO (consoantes) e granITO/jazIGO (assonantes, com aproveitamento do fonema oclusivo velar /g/, deslocado da sílaba inicial da primeira palavra para a sílaba rimante final da segunda). O principal efeito técnico aqui é a aliteração funcional, envolvendo os três segmentos da segunda linha-membro. Maiakóvski tinha uma ideia muito precisa sobre a "dosagem" das aliterações e seu uso cuidadoso, a fim de evitar a dulcificação, os exageros da noção simbolista de musicalidade e onomatopeia. Nesta estrofe, o processo aliterativo – apontado por Maiakóvski como exemplo de sua possível aplicação[53] – serve à enfatização da ideia verbal, esculpindo sonoramente a estátua ausente de Iessiênin. Era primacial, portanto, conservar na tradução o paralelismo auditivo:

---

52 "Sabemos que se podem empilhar chapas de ferro, caixas de bombons etc. Mas como definir a tralha poética, o resíduo que não encontrou aplicação depois de outros trabalhos poéticos? Naturalmente, é excremento que se empilha." (Como Fazer Versos?, op. cit., p. 194.)
53 "Recorro à aliteração como um meio de emoldurar uma palavra importante para mim e de sublinhá-la ainda mais." (Ibidem, p. 197.)

gdié on, / brónzi zvon / íli granita gran?
onde / o som do bronze / ou o grave granito?

Vali-me do adjetivo GRAve, fugindo ao sentido literal de GRAn (aresta, faceta), para manter-me dentro do esquema aliterante, mas preservei o *tonus* do original. No nível semântico, K. Dedecius aponta uma reminiscência de *O Inspetor Geral*, de Gógol (Ato 1, Cena 5), onde o Chefe de Polícia exclama: "Que cidade mais asquerosa esta! Não se pode erguer em parte alguma um monumento ou até uma cerca, e já começam a amontoar no local toda espécie de excremento, o diabo sabe de onde!" Antes mesmo de se fundir um monumento ao poeta, já se acumulavam nas "grades memoriais" (*k riechótkam pámiati*) – ou *no jazigo*, como traduzi – toda sorte de lembrancinhas e dedicatórias ("*imundície*", *drian*), incluindo tanto as manifestações dos epígonos, como as dos detratores do poeta morto.

Neste e no quarteto seguinte, pode-se observar que mudei voluntariamente o tratamento de *você* (terceira pessoa) para a segunda pessoa (*te, teu*). Sigo neste passo a inclinação do coloquial brasileiro[54]. O sentido conversacional da arte de Maiakóvski, que exige, inclusive, marcação visual de leitura, autoriza meu procedimento[55]. Em russo, embora não se trate de idêntico fenômeno idiomático, noto, já na primeira estrofe, a alternância entre *Vui* (segunda pessoa plural, pronome de tratamento que se pode traduzir por "Você" ou "o Sr.") *e tibié* (segunda pessoa singular, dativo, forma equivalente a "a ti" ou "para ti").

---

54 Mantive esta orientação de mistura "falaria" de tratamentos em todas as minhas traduções posteriores da poesia maiakovskiana. A prática poética não deve ficar tolhida, nestes casos, pelo "purismo" gramaticoide.

55 "A maior parte dos meus trabalhos está construída segundo uma entonação coloquial. Mas, embora sejam trabalhos muito pensados, estas entonações não são coisa rigorosamente estabelecida, e o tratamento com muita frequência é modificado por mim no ato da leitura, conforme a composição do auditório [...] Por isto, não será para admirar se alguém der, mesmo em forma impressa, um poema acompanhado de seu arranjo para alguns estados de ânimo diferentes, com expressões peculiares para cada caso em pauta." (Como Fazer Versos?, op. cit., p. 198.)

13. Rimas: mUcO/solUçO, babUjA/mUrchAs (com aproveitamento dos fonemas consonânticos palatalizados, "chiantes", neste último par). Além disto, harmonizo *Sóbinov* com voz e *sob*, e faço quÉrULA responder, com rima interna imperfeita, a bÉtULAs. A escanção difícil *Sóbinov... sob bétulas*, com o choque de *bb*, prepara o gaguejamento final: *nem so-o-luço* (*ni vzdó-o-o-kha*), arremedo do trêmulo de voz. Em russo, há sibilação e também coliteração (/v/--/b/): váche sloVo / sliuniáVit sóBinoV, / i viVódit... Como se pode reparar, os procedimentos sonoros de Maiakóvski sugeriram-me as soluções adotadas em português. Tratava-se de parodiar o cantor de ópera Leonid V. Sóbinov, que apresentara numa "soirée" dedicada à memória de Iessiênin a romança "Nem uma palavra, meu amigo", de Tchaikóvski...

14. Dentro da arquitetura do poema, intervém agora um sexteto, que faz desabar sobre os profanadores a irreverência contundente de Maiakóvski. Nesta estrofe e na seguinte, com as quais se fecha o "cerimonial fúnebre", a sátira atinge o seu acúmen. Prepara-se o desfecho do projeto, a consumação do "objetivo conceitual" da peça, que demandará mais quatro estâncias.

No original, este sexteto tem o seguinte esquema de rimas terminais: *aabcbc*, por mim mantido. A saber: fIM/ LohengrIN; estridENTE/gENTE; VOZ/aVÓS, todas rimas em consonância. A representação de Lohengrin – segundo nota de K. Dedecius – era um dos sucessos de Sóbinov, que Maiakóvski apelida de "filho de Lohengrin" ("Lohengrinoide", na tradução de Lila Guerrero). No original, está: "Ah, que eu falaria de outra maneira com esse Leonid, filho de Lohengrin!" *Ao diabo...* etc., visa a reproduzir o tom blasfemo-burlesco da explosão de Maiakóvski, que inclui referências bufas a "avó", "deus", "alma" e "mãe". O assobio, no texto do poeta, é um desses assobios moleques, puxados a três dedos...

15. Continua a punição dos "profanadores". *Kógan* – que, significativamente, rima com *pógan* (imundície; na tradução: *corja*) – figura numa das primeiras associações

sonoras que acudiram a Maiakóvski na fase de estocagem do material para a composição do poema, segundo está registrado em "Como Fazer Versos?"[56] *Kógan* é o nome do Presidente (até 1929) da Academia de Belas Artes do Estado, com o qual Maiakóvski travou constante polêmica. Dele diz o poeta: "Kógan, a meu ver, não estudou o marxismo em Marx, e sim tentou extraí-lo, com suas próprias forças, da afirmação de Lucá[57]: "A pulga nem sempre é má; é escura, pequena e pula" –, considerando esta verdade como o mais elevado objetivismo cientifico."[58] Kógan foi um dos mais encarniçados e obtusos adversários da crítica formalista russa, e se jactava mesmo de "nunca ter tido tempo para o estudo da forma literária". Preocupações com a técnica eram para ele "um fenômeno patológico, um sintoma de detestável gulodice estética"[59]. Maiakóvski tinha, portanto, mais de uma razão para colocá-lo no Inferno deste poema... Traduzi por *essa corja* a passagem do original que L. Guerrero verte: "mediocridad de porquería", ou, mais exatamente, "monturo de grandíssimos incapazes" (*biezdárnieichaia pógan*). A imagem das abas dos capotes infladas como velas negras foi transposta mediante o verbo *inflar* ligado a escuros *redingotes*. Escolhi a última palavra por seu rebuscamento bufo e pela rima toante com bIGOdES (L. Guerrero omite a passagem). Completo o esquema rímico com explodISSE/fugISSE (em consonância) e insiro

---

56 Esta passagem, na tradução de B. Schnaiderman que venho acompanhando, foi adaptada à minha versão do poema: "Em três meses, não cheguei a inventar uma só linha. Apenas o peneiramento diário de palavras resultava num depósito de rimas preparadas como: "redingotes – bigodes", "difícil – ofício". Os exemplos constantes do texto original russo são: *napostov / po sto; v inói / pivnói; Kógan/pógan*. Cf. *Obras Completas de Vladímir Maiakóvski*, ed. dirigida pela Academia de Ciências da URSS, Moscou, 1955-1961 (v. 12, p. 98, 520). Lila Guerrero reproduz os exemplos russos na sua tradução.
57. Personagem da peça de Górki, *No Fundo*, comparado por L. Guerrero a "Perogrullo", ou seja, figura imaginária à qual se atribuem "verdades" cediças; alguém como o "Conselheiro Acácio".
58 Como Fazer Versos?, op. cit., p. 181.
59 Cf. V. Erlich, op. cit..

ainda na estrofe harmonizações em /ã/: KógAN, inflANdo, espetANdo). Os bigodes de Kógan em fuga são hiperbolicamente convertidos em pontas de lanças que espetam os transeuntes. L. Guerrero não me parece exata quando traduz *vstriétchiennikh / uvietcha / pí kami ussóv* por "(Kógan), clavado, con lanzas más agudas que sus bigotes dobles". Confira-se o comentário de Maiakóvski: "Um dos meios de criação de imagens que eu mais tenho empregado ultimamente é a invenção dos acontecimentos mais fantásticos: fatos sublinhados por uma hipérbole [...] Kógan se torna deste modo um substantivo coletivo, o que lhe dá a possibilidade de correr *vrassipnúiu*, e os bigodes se transformam em lanças, o que é reforçado pelo fato de que os transeuntes são espetados neles."[60]

16. Depois de ter contraditado os adversários esquemáticos e apanhado os "coveiros", as "falsas carpideiras", na insinceridade burlesca de seus atos de devoção, desmascarando-lhes a tentativa de locupletamento nas pompas fúnebres do poeta morto, Maiakóvski – tendo conquistado o auditório por sua posição ética – passa à parte programática do poema, à refutação do testamento pessimista do suicida. Nesta estrofe – na qual uso rimas emparelhadas, consoantes – principia a afirmação da missão factiva do poeta, num período difícil, em que havia escória em abundância, e o tempo era pouco para o muito que havia por fazer. O *mãos à obra*, na tradução, se não é literal (o poeta escreve: "tarefas há muitas / falta tempo"), está dentro do espírito do original, – um convite à ação. Pois a conquista de uma nova poesia – pensava Maiakóvski – viria em seguida à transformação da vida e da sociedade. No rimário original desta estrofe são obtidas coincidências quase de homofonia (PoRIEDIÉLA/PiERIEDIELAt; pOSPIEVAT/ vOSPIEVAT). Isto contribui para fixar o nível semântico, para marcá-lo à maneira de refrães ou "batidas" (*Faustschlaege*,

---

60 Como Fazer Versos?, op. cit., 195. B. Schnaiderman esclarece em nota: *vrassipnúiu* é uma forma adverbial que significa: "correr espalhando-se".

"socos", – na expressão de K. Dedecius), dentro da especial retórica maiakovskiana. Foi o que tentei reproduzir com a marcação rítmica aqui também mais martelada.

17. Rimas: artIstA/batIdA (assonância, com aproveitamento das oclusivas dentais); anÕES/ocaSIÃO (utilização das similitudes fônicas de ditongos nasais, com apoio, também, na ressonância nasal adjunta ao /a/ pretônico da primeira palavra e na sibilação). No original, Maiakóvski vale-se da metonímia *pieró* (no genitivo *pierá*, regido pela preposição *dliá*, para), "pena", em lugar de "artista da pena" ou "escritor". Na tradução ficou simplesmente *artista*, numa construção bem coloquial, com base na expressão *tempos duros*. AnÊMicos e aNÕEs, harmonizando respectivamente com tEMpos e OndE, é a minha fórmula para *kaliéki i kaliékchi* (literalmente, "aleijados e aleijadas"). Tratava-se de ficar dentro do esquema sonoro e, além disso, de obter em português uma aliteração mais enérgica. No plano semântico, há uma evidente alusão aos poetastros tímidos e convencionalizantes (*verkrüppelte Poeten*, poetas aleijados, como traduz K. Dedecius). GraNDE e ONDE, que se respondem sonoramente, replicam ao /d/ aliterante e à coliteração /k/-/g/, presentes em GDié (onde), KoGDá (quando) e KaKói (qual). Escolheram/EStrada carreiam nova aliteração, em contraponto a outra zona fônica do original: VIelíki/VIbiral ("qual dos grandes escolheu"). Maiakóvski enfatiza a originalidade e o poder criativo dos verdadeiramente grandes, que sempre se recusaram a trilhar estradas batidas e fáceis.

18. Este é um dos mais belos quartetos do poema. O poeta afirma sua confiança no poder militante da palavra, na palavra útil, voltada para as tarefas do presente. A missão construtiva do poeta, na edificação de uma nova sociedade, é visualizada por Maiakóvski através de uma imagem em *flashback*, ou mais exatamente, uma imagem onde o *tempo* é visto como um filme que se projetasse em sentido contrário ao do seu desenvolvimento normal. Enquanto avança no presente e para o futuro o regimento dos versos, comandado pela palavra, o *tempo* fica para trás, cuspindo balas, e

o *vento*, nessa marcha a ré do passado, só consegue agitar *um maço de cabelos* desfeitos. Ou serão os próprios cabelos de quem corre que o vento pina para trás, como que numa última tentativa de retenção no passado. Rimas: vErbO/caBElOs (assonância, reforçada pela coliteração das bilabiais /b/ com a lábiodental /v/; trÁS/desfAÇa, rima imperfeita, corroborada pelas coincidências entre pASSAdo e mAÇo. Harmonizo na vertical TEMpO/vENTO e colitero cusPA/BAlas. Nas duas primeiras linhas escalonadas da estrofe há ainda uma repetição aliterante do /r/. Tudo isto responde, no possível, à riqueza da trama sonora da estância original, onde predominam as sibilações e as aliterações em /v/ e /r/, e onde repontam correspondências como: TCHTÓB VRIÉMia / TCHTÓB VIÉtRoM ("que o tempo" / "que pelo vento").

19. É o lance final do poema e a última etapa da arquitetura projetada. Aqui Maiakóvski responde com uma paráfrase à mensagem niilista e desesperada de Iessiênin. Toma-a em seus próprios termos e reverte-lhe dialeticamente o sentido, por meio de uma antítese neutralizadora. Para Maiakóvski, tratava-se de suscitar, em lugar da fácil beleza da morte, outra beleza, esvaziando assim de interesse persuasivo o gesto suicida. É a beleza da construção, do fazer propositado e confiante, cuja visada otimista dirige-se à edificação da nova sociedade, apesar de todas as dificuldades do momento. A beleza do ofício humano, solidário ao invés de solitário.

Armei um esquema de rimas emparelhadas, em consonância perfeita (imaTURO/fuTURO) e imperfeita (diFÍCIL/OFÍCIO, com o /1/ velarizado facilitando a homologação fônica). Creio que respeitei integralmente o aspecto semântico, a "contramensagem" que resume o objetivo conceitual deste poema. Assim traduzi *sdiélat jizn* (literalmente, "fazer vida") por *a vida e seu ofício*, com a palavra *ofício* valorizada a partir de sua raiz etimológica, que envolve a ideia de "fazer"[61]. Procurei retirar do texto traduzido qualquer caráter

---

61 Carlos Góis, *Dicionário de Raízes e Cognatos da Língua Portuguesa*, 3. ed., Rio de Janeiro: P. Azevedo, 1945, mostra que *difícil* tem a mesma raiz, procedendo de *fácil* ("o que se faz sem trabalho") com o prefixo *dis*.

de frouxidão sentenciosa, aparando a eloquência na medida exata do necessário para que o efeito conciso e condenso do original não se perdesse. Maiakóvski é o primeiro a advertir:

> Um dos momentos sérios do poema, particularmente tendencioso e declamatório, é o final. Neste final, geralmente se colocam as linhas mais realizadas de um poema. Às vezes você refaz todo o poema, apenas para justificar um deslocamento com este fim. No poema sobre Iessiênin, esse final é constituído, naturalmente, pela paráfrase das linhas derradeiras de Iessiênin [...] No decorrer de todo o meu trabalho com o poema, não cessei de pensar nestas linhas. Trabalhando com outros versos, a todo momento voltava a estes, consciente ou inconscientemente.[62]

A observação revela, inclusive, o trabalho do poeta num sentido de *projeto*, de conquista metódica vetoriada por um propósito, que não se confunde com o mero intuitivismo acrítico dos "seresteiros". Se recordarmos o que Maiakóvski dizia a respeito do primeiro quarteto, que aquela estrofe determinava o desenvolvimento posterior do poema ou o seu "plano arquitetônico", veremos que se fecha assim, coerentemente, o circuito de sua teoria da composição, de cuja prática esta peça é um exemplo admirável[63].

Excurso Biográfico

No plano existencial e biográfico, não se poderá deixar de equacionar o suicídio de Iessiênin com o do próprio Maiakóvski, que se verificou alguns anos depois, em 14 de abril de 1930. Maiakóvski foi o primeiro a afastar as especulações

---

Em *of-fíc-io*, por seu turno, segundo nota do dicionarista, "o primeiro elemento *of* não é assimilação do prefixo *ob*, como parecerá à primeira vista, mas *op*, de *opus*, trabalho".
62 Como Fazer Versos?, op. cit., p. 200.
63 "A primeira quadra determina todo o poema. Tendo em mãos tal quadra, eu já calculo mentalmente quantas serão necessárias para o tema em questão e como distribuí-las para melhor efeito (arquitetônica do verso)." (Ibidem, p. 193.)

sobre seu ato, inscrevendo logo de início, no seu bilhete-
-poema de despedida *Vciém* (A Todos) : "Por favor, nada de
mexericos. O morto tinha horror disto." Inevitável, porém,
que se cogite do assunto, pois, como observa K.
Dedecius: "A fórmula do suicídio, no caso de Iessiênin, era fácil de
encontrar: indiferença, tédio, bebida. No de Maiakóvski, o
otimista *cidadão do futuro*, não. A posteridade fica restrita
às suas últimas palavras, talvez as mais discretas e lacôni-
cas que jamais tenha escrito." Lila Guerrero acena com um
mal físico[64]. Elsa Triolet deixa entrever uma insatisfação
amorosa[65]. Conjugadamente a esta ou aquela explicação,
porém, não se pode esquecer a luta de Maiakóvski por sua
ideia de uma arte ao mesmo tempo de cunho participante
e formalmente revolucionária. Uma ideia que se ia cada vez
mais chocando com a maré montante do stalinismo, e seu
corolário, o dogmatismo estético, que acabaria por congelar a arte soviética na carta estatutária de um dirigismo
acadêmico e convencionalizante[66]. Isto não obstante o fato

64 Cf. *Antología de Maiacovski*, p. 173: "Hoje cheguei aqui inteiramente
enfermo. Há algo com minha garganta, não sei o quê, mas talvez me
impeça por muito tempo de ler meus versos." (Declaração de Maiakóvski
na noite de 25 de março de 1930, poucas semanas antes de sua morte,
reproduzida por L. Guerrero.)
65 Elsa Triolet rastreia o tema do suicídio e do desengano amoroso em
poemas de Maiakóvski anteriores aos dedicados a Iessiênin (*Maïakovski*,
p. 52-62). L. Guerrero deixa aflorar também a hipótese, em sua introdução às *Obras Escogidas* do poeta (t. I, p. 10-11): "Conhecendo sua biografia, e as alternativas desse sentimento cujos detalhes não entram neste
breve prólogo, compreendem-se muitas páginas dramáticas de sua obra.
Especialmente os capítulos de delírio suicida de seu poema 'O Homem'.
As alucinações, os ciúmes penosamente confessados, revelam algo que
explica a bala de 14 de abril de 1930."
66 A.M. Ripellino (op. cit., p. 214-215) escreve: "Pelas tiradas audazes
e pelos *slogans* polêmicos expostos no palco e na plateia, este espetáculo
(*Os Banhos*) assumiu um caráter de desafio aos teatros conservadores
e ao gosto mesquinho dos dirigentes soviéticos. E de fato, os burocratas levantaram-se logo em defesa de suas poltronas maciças. Uma tor-
rente de críticas insossas e injuriosas se precipitou sobre o poeta. Ataques
vulgaríssimos se sucederam sem trégua, alimentando o desconforto que
pouco depois conduziria Maiakóvski ao suicídio [...] Acusando, ainda
uma vez, Maiakóvski de obscuridade os áridos censores não se davam

de que o próprio Stálin se tivesse inclinado perante a grandeza de Maiakóvski, e os burocratas da crítica, na era stalinista, se tivessem empenhado em aliciar a memória do poeta à sua causa, apresentando-o em "versão oficial", convenientemente expurgada de agressividades heterodoxas, à guisa de modelo daquele mesmo "realismo socialista" de tipo regressivo que o poeta até o fim combatera. Sem alongar estas considerações (no que é respeitado o desejo de Maiakóvski), o fato é que seu suicídio, ainda assim, à luz do próprio bilhete-testamento "A Todos", parece apresentar um sentido bem diverso do de Iessiênin. Não se trata, no caso de Maiakóvski, da repetição do mesmo gesto de desespero e niilismo que ele refutara em seu poema sobre o suicida do Hotel Inglaterra. O ato final de Maiakóvski é antes um suicídio lúcido, a frio, de quem se declara quite com a vida, e se recusa mesmo a fazer um balanço de males e mágoas (*bied i obid*)[67]. De quem considera cumprida sua missão, comentando apenas "o caso está encerrado", e silencia, passando a outro (ou outros) o seu bastão, a ser retomado possivelmente em outras circunstâncias históricas. Um suicídio que poderia ser um gesto de cansaço ou um gesto de protesto, viris ambos, mas que não infirma por si só a vocação do poeta-construtor, em cuja vidência estava

conta de repetir as palavras de Pobiedonóssikov (NB: em português, Victornasículo, o burocrata todo-poderoso de *Os Banhos*): "Tudo isto não é para as massas. Os operários e os camponeses não compreenderão estas coisas, e é bom que não as compreendam, nem há necessidade alguma de que lhes sejam explicadas'. Os últimos dias do poeta foram acompanhados pelo refrão martelante desta increpação gasta, que aflorava maquinalmente de toda parte [...] No dia 9 de abril, numa sessão do Instituto Nacional de Economia Pliekhanov, atacado e escarnecido por estudantes retrógrados, que de novo o acusaram de ser incompreensível, Maiakóvski respondeu com amargo sarcasmo: 'Quando eu estiver morto, vocês lerão meus versos com lágrimas de emoção. E agora, em vida, sou injuriado e se lança toda sorte de invencionices a meu respeito.'"

67 Os fragmentos poéticos finais de Maiakóvski foram traduzidos por Augusto de Campos. Destaco o seguinte trecho: "O mar se vai / o mar de sono se esvai / Como se diz: o caso está enterrado / a canoa do amor se quebrou no quotidiano / Estamos quites / Inútil o apanhado / da mútua dor mútua quota de dano." *Maiakóvski: Poemas*, p. 139.

a imagem utópica de uma "Comuna" ideal, livre da reuma burocrática:

> *Kommuna –*
> *   eto miesto*
> *   gdié istchiéznut tchinóvniki*
> *i gdié búdiet*
> *   mnogo*
> *   stikhóv i piéssien*

> ("Comuna –
>   lugar
>   sem burocratas
> onde florescerão
>   poemas
>   e canções")

– do "Bilhete ao Poeta Proletário", de 1926[68].

Algumas Considerações Sobre o Consumo da Poesia

Até aqui vim examinando as ideias de Maiakóvski sobre a poesia como *forma de produção*. Para que se complete o processo da *comunicação estética*, é preciso considerar agora seus pontos de vista sobre o *consumo da poesia*.

Um poema como "A Sierguéi Iessiênin", com todo o seu trabalho técnico extremamente exigente, com toda a sua vanguarda formal, seria consumido pela massa? Este problema do consumidor, como não podia deixar de ser, foi dos que mais preocuparam o poeta. Maiakóvski abordou--o em várias oportunidades, escrevendo mesmo a respeito

---

68 Ninguém melhor do que Octavio Paz estudou a trágica ruptura entre utopia poética e realidade histórica no mundo moderno. Seu ensaio "O Verbo Desencarnado" (de *El Arco y la Lira;* em português na coletânea *Signos em Rotação,* São Paulo: Perspectiva, 1972) é um apaixonante relato desse esforço renovadamente malogrado da poesia para encarnar-se na história. Sobre Maiakóvski e sua geração, temos o comovente depoimento de Roman Jakobson, "A Geração Que Malbaratou Seus Poetas" (1931), acessível agora em versão francesa no volume *Questions de poétique* (Paris: Seuil, 1973).

um poema polêmico, *Mássam nieponiatno* (Incompreensível Para as Massas, 1927), e um trabalho teórico, "Os Operários e os Camponeses Não Compreendem o Que Você Diz" (1928). Neles refuta a pecha de inacessibilidade tantas vezes lançada contra sua poesia[69].

No texto teórico, Maiakóvski se propõe desmascarar a demagogia e a especulação que se faziam por conta da propalada "incompreensibilidade". Frisa de início: "Eu nunca vi alguém vangloriar-se assim: 'Como sou inteligente – não compreendo a aritmética, nem o francês, nem a gramática!' Mas o grito alegre: 'Eu não compreendo os futuristas!' – ressoa há quinze anos, extingue-se para em seguida crescer novamente, mais excitado e jubiloso do que nunca. Com este grito, houve quem fez carreira, recolheu fundos e assumiu a liderança de correntes literárias." Argumenta Maiakóvski que a boa acolhida da massa não se produz por virtude de alguma "camisa" mágica, na qual nascessem envoltos os "felizes livros de algum gênio literário", mas é o produto da luta do próprio poeta. Donde a necessidade de "saber organizar a compreensibilidade de um livro", pois "quanto melhor é o livro, tanto mais ele se antecipa aos acontecimentos". Distingue as faixas de consumo, admitindo a possibilidade de uma poesia cujos consumidores seriam, em primeiro lugar, outros *produtores* (poetas), como a do genial inovador Vielimir Khliébnikov[70].

---

69 Sigo, para as transcrições, as traduções já citadas.

70 Maiakóvski reconhece em Khliébnikov, infatigável pesquisador e experimentador da palavra poética, um mestre de sua geração. Ver "Victor Vladimirovich Jlebnikov", necrológio datado de 1922, traduzido por L. Guerreiro no tomo IV das *Obras Escogidas*. Sobre o papel de Khliébnikov na poesia russa por volta dos anos de 1920, consultar Boris Schnaiderman, Khliébnikov: Um Grande Poeta, *O Estado de S.Paulo*, 25 mar. 1961, Suplemento Literário. Uma antologia do poeta, em tradução francesa de Benjamin Goriely, foi publicada em 1960 (Lyon: Emmanuel Vitte). O texto de Maiakóvski sobre Khliébnikov pode ser lido em B. Schnaiderman, *A Poética de Maiakóvski*, p. 151. Roman Jakobson, em "A Procura da Essência da Linguagem" (1965), *Linguística e Comunicação*, São Paulo: Cultrix, 1969, refere-se a Khliébnikov como "o poeta mais original deste século".

Esta poesia acabaria afinal por inseminar toda a linguagem poética pela força de seu acervo de criações, ganhando consequentemente um consumo mais largo. Neste caso, Maiakóvski justifica até mesmo as tiragens limitadas, pois se trata, num primeiro momento do processo de consumo, de uma "estação transmissora" central, a distribuir energia para "subestações", que por sua vez a transformam em eletricidade para as lâmpadas. O mesmo não ocorreria com as pequenas edições meramente voluptuárias ou de luxo de poetas acadêmicos (dá como exemplo o opúsculo de um sonetista da época), obras inúteis como informação, destinadas a um público de ociosos, e portanto desnecessárias. No poema "Incompreensível Para as Massas", Maiakóvski se refere aos críticos (ou pelo menos a certa crítica majoritária), como "intermediários", de "gosto bastante intermédio", postados entre o "produtor" (escritor) e o "consumidor" (leitor) de poesia. Acusa seus censores – os "intermediários" – de aconselharem aos poetas a prática de uma literatura de alienação, pseudoproletária, num espírito não muito diferente daquele com que as classes dominantes se reservavam os conhecimentos essenciais e incrementavam uma literatura popular de evasão, de romanças e serestas nostálgicas. Propõe a elevação da cultura das massas, e conclui: "O livro bom é necessário e será compreendido" (*Nujná / i poniatna / khorochaia kniga*). Dessa programada necessidade, não estão excluídas, como se viu, a forma revolucionária ou a dificuldade do livro. "O mais difícil dos poemas, depois de comentado com duas ou três frases introdutórias (para que está aí cada verso), torna-se compreensível e interessante." Maiakóvski cita neste sentido a experiência de uma bibliotecária que preenchia uma função de ativa pedagogia cultural, procurando guiar o gosto dos leitores para obras novas. "A leitura de trabalhos difíceis" depõe a bibliotecária, a cujo exemplo o poeta recorre – "não só deu prazer, mas também elevou o nível cultural." ("Realizado o primeiro esforço, passaram a ter prazer na leitura. E depois desta, começaram a recusar os versos elementares", – acrescenta a mesma informante). É, de certa forma, e sob este aspecto do *consumo* do produto artístico, a proposição que Wilhem Worringer resumiria na seguinte equação: "Não a arte, mas sim a compreensão da arte há de ser socializada."[71]

---

[71] *Problemática del Arte Contemporáneo,* Buenos Aires: Nueva Visión, 1955 (trad. do original alemão de 1948).

A Sierguéi Iessiênin

                Vladimir Maiakóvski

1[72]   Você partiu,
           como se diz,
                    para o outro mundo.

      Vácuo...
          Você sobe,
                entremeado às estrelas.
      Nem álcool,
           nem moedas.
      Sóbrio.
          Voo sem fundo.
2   Não, Iessiênin,
            não posso

---

72 A numeração das estrofes refere-se aos comentários e não consta do original.

                              fazer troça, –
         Na boca
                 uma lasca amarga
                               não a mofa.
         Olho –
                sangue nas mãos frouxas,
         você sacode
                    o invólucro
                              dos ossos.
3   Pare,
              basta!
                      Você perdeu o senso?
         Deixar
               que a cal
                        mortal
                              lhe cubra o rosto?
         Você,
              com todo esse talento
         para o impossível,
                           hábil
                                como poucos.
4   Por quê?
                 Para quê?
                           Perplexidade.
         – É o vinho!
                     – a crítica esbraveja.
         Tese:
              refratário à sociedade.
         Corolário:
                   muito vinho e cerveja.
5   Sim,
             se você trocasse
                             a boêmia
                                     pela classe,
         A classe agiria em você,
                                 e lhe daria um norte.
         E a classe
                   por acaso
                             mata a sede com xarope?
         Ela sabe beber –
                         nada tem de abstêmia.
6   Sim,

90

            se você tivesse
                        um patrono no *Posto*, –
ganharia
        um conteúdo
                    bem diverso:
todo dia
        uma quota
                    de cem versos,
longos
        e lerdos,
                    como Dorônin.
7   Remédio?
            Para mim,
                        despautério:
mais cedo ainda
                você estaria nessa corda.
Melhor
        morrer de vodca
que de tédio!
8   Não revelam
                as razões
                            desse impulso
nem o nó,
        nem a navalha aberta.
Talvez,
    se houvesse tinta
                    no *Inglaterra*,
você
    não cortaria
                os pulsos.
9   Os plagiários felizes
                        pedem: bis!
Já todo
    um pelotão
                em autoexecução.
Para que
        aumentar
                o rol de suicidas?
Antes
    aumentar
            a produção de tinta!
10 Agora

        para sempre
                tua boca
                        está cerrada.
Difícil
    e inútil
        excogitar enigmas.
O povo,
    o inventa-línguas,
perdeu
    o canoro
               contramestre de noitadas.

11   E levam
        versos velhos
                ao velório,
sucata
    de extintas exéquias.
Rimas gastas
        empalam
                os despojos, –
é assim que se honra
                um poeta?

12   Não
      te ergueram ainda um monumento, –
onde
    o som do bronze ou grave granito? –
E já vão
        empilhando
                no jazigo
Dedicatórias e ex-votos:
                      excremento!

13   Teu nome
        escorrido no muco,
teus versos,
        Sóbinov os babuja
voz quérula
        sob bétulas murchas –
"Nem palavra, amigo,
                nem so-o-luço".

14   Ah,
      que eu saberia dar um fim
a esse
    Leonid Loengrim!

Saltaria
　　　– escândalo estridente:
– Chega
　　　de tremores de voz!
Assobios
　　　nos ouvidos
　　　　　　dessa gente,
ao diabo
　　　com suas mães e avós!

15　Para que toda
　　　　essa corja explodisse
inflando
　　　os escuros
　　　　　　redingotes,
e Kógan
　　　atropelado
　　　　　　fugisse,
espetando
　　　os transeuntes
　　　　　　nos bigodes.

16　Por enquanto
　　　　há escória
　　　　　　de sobra.
O tempo é escasso –
　　　　mãos à obra.
Primeiro
　　é preciso
　　　　transformar a vida,
para cantá-la –
　　　em seguida.

17　Os tempos estão duros
　　　　para o artista:
Mas,
　　dizei-me,
　　　　anêmicos e anões,
os grandes,
　　　onde,
　　　　em que ocasião,
escolheram
　　　uma estrada
　　　　　　batida?

18　General

                da força humana
                            – Verbo –
marche!
        que o tempo
                    cuspa balas
                                para trás,
e o vento
        no passado
                    só desfaça
        um maço de cabelos
        Para o júbilo
                o planeta
                        está imaturo.
É preciso arrancar
            alegria
                    ao futuro.
Nesta vida
        morrer não é difícil.
O difícil
        é a vida e seu ofício.

4. O TEXTO COMO DESCOMUNICAÇÃO (HÖLDERLIN)
In memoriam Anatol Rosenfeld

Os poemas fragmentários da última fase de Hölderlin, a chamada "fase da loucura", parecem propor um problema: o problema da poesia não como forma de comunicação, mas como forma de *descomunicação*.

Nesses poemas, o *logos* tirânico da razão normativa é contestado por uma "desrazão" liberadora, que, como exercício do "aspecto criador" ou "gerativo" da linguagem (Chomsky), dissolve a "função comunicativa" numa bruma de significantes, deixando que o "sentido" se constitua pelo mero contágio destes, como uma aura cintilante, enquanto os significados denotativos resvalam para o abismo, para o vazio.

Walter Benjamin, escrevendo sobre as traduções sofoclianas – obra também da fase final de Hölderlin –, toca neste ponto:

Nelas a harmonia das línguas é tão profunda que o sentido é apenas tangido pela linguagem como uma harpa eólia pelo vento. As traduções de Hölderlin são protótipos do gênero. Elas estão, mesmo para as mais perfeitas traduções dos respectivos textos originais, como o protótipo para o tipo [...] Por isso mesmo, ronda-as em especial aquele imenso perigo primordial de toda tradução: os portais de uma língua tão ampliada e tão intensamente elaborada ameaçam abater-se e emurar o tradutor no silêncio. As traduções de Sófocles foram a última obra de Hölderlin. Nelas o sentido rola de abismo em abismo até quase perder-se nas insondáveis profundezas da linguagem" (*Die Aufgabe des Uebersetzers* / A Tarefa do Tradutor).

A nova semiologia russa do grupo de Tártu propõe-se hoje, como objeto de estudo, um semelhante problema. I. Lotman e A.M. Piatigórski ("O Texto e a Função", colóquio de Tártu, maio 1968) examinam a cultura como um conjunto de textos. Distinguem eles entre "mensagem linguística global" (significativa no sentido da comunicação habitual) e "mensagem textual" ou "texto". E formulam o seguinte axioma: "É justamente o grau zero da mensagem linguística global que revela o alto grau de sua semioticidade enquanto texto." Ou ainda:

> Para ser percebida como texto, a mensagem deve ser pouco ou nada compreensível, e suscetível de uma tradução ou interpretação ulteriores. Os oráculos píticos, as predições do profeta, as palavras da quiromante, as prédicas do sacerdote, os conselhos do médico, as leis e as prescrições sociais, quando seu valor é definido não por uma mensagem linguística real mas por uma supramensagem textual, devem ser incompreensíveis e suscetíveis de interpretação. A isso se ligam, igualmente, as tendências à semi-inteligibilidade, ao duplo sentido e à multiplicidade de sentidos. A arte, onde a pluralidade de sentidos é erigida em princípio, não produz teoricamente senão *textos*.

Nessa conformidade, os dois autores estudam os processos de sacralização e ritualização de textos, como sistemas modelantes secundários.

A sintaxe hölderliniana, nos três fragmentos que traduzi para ilustrar este ensaio, é uma sintaxe labiríntica. A incompletude, o estado fragmentário dos originais, acrescenta-lhe uma dificuldade e um fascínio suplementares. Procurei, em português, respeitar esses meandros cujo desenho é frequentemente truncado, esses arabescos que não se deixam concluir, esse abrupto projetar-se das arestas de significantes no silêncio (às vezes mesmo o *branco* físico da página) e na interrogação.

Quanto possível tentei preservar na tradução as características palavras compostas do poeta, retensas de conotações e que produzem quase sempre um "efeito de estranhamento" no corpo do texto.

O corte do verso e a pausa são também elementos a serem cuidadosamente tratados em traduções como estas, pois a eles se deve muito da figuração rítmica inusitada desses textos:

> Aber die Sprache –
> Im Gewitter spricht der
> Gott.
>
> (Mas a linguagem –
> No trovão fala o
> Deus.)

Heidegger termina o seu livro *Einführung in die Metaphysik* (Introdução à Metafísica) com a transcrição da estância final do poema "Motivkreis der Titanen" (Do Ciclo dos Titãs). Cito o trecho do filósofo na competente e cuidada versão brasileira de Emmanuel Carneiro Leão (ed. Tempo Brasileiro, 1966):

Saber investigar significa saber esperar, mesmo que seja durante toda uma vida. Numa época, porém, em que só é real o que vai depressa e se pode pegar com ambas as mãos, tem-se a investigação por "alheada da realidade", por algo que não vale a pena ter-se em conta de numerário. Mas o Essencializante não é o número e sim o tempo certo, isto é, o momento azardado, a duração devida.
> Pois odeia
> O Deus sensato
> Crescimento intempestivo.

Preocupado em minha tradução com a "função poética" da linguagem, propus para essa estância fundamental a seguinte leitura criativa:

> Denn es hasset
> Der sinnende Gott
> Unzeitiges Wachstum.
>
> (Pois ele odeia,
> O Deus que instaura o senso,
> Um crescer a destempo.)

Procurei, assim, por um lado, dar conta do sutil jogo fônico do original. Por outro, para evitar a trivialização daquele "sinnende Gott" em nossa língua, atendi à acepção básica de "Sinn" (sentido, senso) e verti "Deus cismante, meditante, reflexionante" (acepção mais literal) por "Deus que instaura o senso". Esta tradução filológica parece-me pertinente dentro do sistema semântico hölderliniano, pois esses poemas são, antes de mais nada, torturadas meditações sobre a linguagem e seu poder sacralizante, ameaçados pela "selvitude" (assim traduzi, com matiz metafísico, o vocábulo "Wildniss" usado pelo poeta) dos Titãs, de cuja arrogância maldestra "zomba o Criador".

No curso da elaboração das presentes versões foram-me preciosas as observações de revisão de Anatol Rosenfeld e, como fonte de várias sugestões, a criativa tradução francesa de Jean Pierre Faye[1].

Compare-se com estes fragmentos hölderlinianos a escritura de alguns dos últimos (e também fragmentários) Cantos "paradisíacos" de Ezra Pound.

No âmbito de nossa literatura, apliquem-se as reflexões inicialmente feitas sobre poesia e "descomunicação" à *Harpa de Ouro*, de Sousândrade (agora em edição mais cuidada: Sousândrade, *Inéditos*, organização de Fred G. Williams e Jomar Moraes, São Luís: Departamento de Cultura do Estado 1970)[2].

---

1 Hölderlin, *Poèmes*, trad. Jean Pierre Faye. Paris: GLM, 1965.
2 Cf. Haroldo de Campos, "Sousândrade: Formas em Morfose", *O Estado de S.Paulo*, 10 jan. 1970, Suplemento Literário. (Cf. Augusto e Haroldo de Campos, *Re Visão de Sousândrade*, São Paulo: Perspectiva, 3. ed., 2002, p. 517).

Do Ciclo dos Titãs

    Mas quando os Celestes houverem
    Construído, tudo será calmo
    Sobre a terra, e montanhas bem-formadas
    Se erguerão transidas de surpresa. Há um signo
    Em suas frontes. Pois feriu-
    -As – quando Ele, o Tonante, foi retido
    Com rudeza pela filha-em-linha-reta –
    O raio estremecente do Deus
    E todo-perfume se extingue
    Do alto, o fogo
    Onde entrepara, aplacado, aqui
    E ali,   o tumulto.
    Extravasa em júbilo
    O Tonante e teria quase
    Esquecido o céu,
    Cólera de outrora, se não fora
    O aviso do saber.
    Agora porém floresce
    O lugar de pobreza.

E admirável e magno
Ei-lo.
Montanhas se suspendem   Mar,
Cálidas profundezas   os ventos porém refrescam
Ilhas e quase-ilhas,
Grutas para a prece
Escudo cintilante
E célere, como rosas
              ou se cria
Também uma outra espécie,
Mas viceja
         profuso-luxuriante, invejoso,
O joio, que deslumbra, célere sobrecresce,
O maldestro, pois zomba
O Criador, e eles, porém,
Não o compreendem. No arroubo da raiva agarra, o joio,
E cresce. E igual ao fogo,
Que devasta casas, bate
E alteia, soberano, e não poupa
O espaço, e cobre os caminhos,
Amplifermentando, uma nuvem fúmea,
                        a tarda selvitude.
Eis como aparenta o divino. Mas
Terríveis e inóspitos se
Torcem pelo jardim os desvios
Sem olhos, enquanto a saída
Um homem, dificilmente,
E com mãos puras,
Há de inventá-la. Ele que vai, o enviado,
E rastreia, como um bicho, o
Necessário. Certo, com seus braços,
Pleno de presságios, pode alguém acertar
O alvo. Onde justamente
Os Celestes, de uma cerca ou de um marco,
Que lhes assinale o caminho,
Ou de um remanso de águas,
Carecem, e como a chama
Isto se agita no coração dos homens.
Mas outros ainda
Estão juntos do Pai.
Eis que acima dos Alpes,
Próximos da águia,

Eles devem pairar, para que nada,
Movidos de cólera, predigam
Num sentido estranho,
Os poetas, que habitam sobre o voo
Da ave, em torno ao trono
Do deus do júbilo
E cobrem o abismo
Diante dele, iguais ao fogo amarelo, no tempo lacerante
São sobre a fronte dos homens
Os Proféticos, aos quais gostariam
De invejar, amadoras do
Medo, as sombras do Inferno.

A elas, porém, as repeliu,
Um puro destino
Abrindo,   das
Tábuas sagradas da terra
Hércules Purificador
Que resta semprelímpido, ainda agora,
Com a Potestade, e portadores-do-alento
Os Dióscuros, subindo-
-Descendo degraus inacessíveis, quando da cidade celeste
As montanhas longe-avançam
Pela noite, e as filhas do céu
As quais socorrem ao Pai.
Pois anelam o repouso. Mas quando
As provoca o inútil movimento
Da terra, e aos Celestes
Tomam-se
            os sentidos, candentes então
Advêm,

Os sem-sopro

Pois ele odeia,
O Deus que instaura o senso,
Um crescer a destempo.

101

Os Titãs

    Não é chegado
    O tempo. Ainda eles estão
    Desgrilhoados. O divino não toca o imparticipante.
    Assim lhes é dado contar
    Com Delfos. Entrementes, concede horas festivas
    E para que eu possa repousar, e meditar
    Nos mortos. Muitos pereceram
    Cabos-de-guerra em tempos de antanho
    E belas mulheres e poetas
    E nos tempos novos
    Muitos homens,
    Eu porém estou só.
                     e no oceano singrando
    Perguntar às ilhas profundas
    Onde estão, e para onde
    Pois muito deles em
    Fidedignos escritos sobredura
    E muito nas sagas do tempo.
    Muito o revela o deus.

Pois já longamente laboram
As nuvens declinantes
E se enraíza, multianunciadora, a sagrada selvitude.
Ardente é a riqueza. Mas carece
Do canto, que libera o espírito.
O qual se consumiria
Voltado contra si mesmo
Pois jamais suporta
O cativeiro a flama celeste.

Mas rejubila
O festim dos hóspedes ou quando em festa
O olho corusca e de pérolas
O colo da donzela.
Também jogos de guerra

                e ao longo das sendas
Dos jardins reboa
A memória do combate e apaziguadas
Junto ao torso exíguo
As armas estrepitosas repousam
Dos pais-heróis, para os filhos.
Mas em torno de mim circunzunem
Abelhas e onde o camponês
Roteia a terra, pássaros cantam
À contra-luz. Muitos ajudam
O céu. A eles o poeta
Os vê. É bom quedar-se junto
A outrem. Pois ninguém carrega a vida sozinho.
Mas quando se acende
O dia afanoso
E a luz é pura e os Celestes
Estão bêbedos da verdade, pois
Tudo o que é, é como é,
Entre os morituros então
Se sente o mais alto.

Embaixo eles erguem casas
E a oficina prossegue
E o navio sobre a onda.
E os homens se dão as mãos
Permutantes, tudo é pleno-sentido

Sobre a terra e não parecem vazios
Os olhos cravados no solo.

Mas vós sentis
Também o outro modo.
Pois sob a medida
É mister também a matéria bruta
Para que o puro se deixe conhecer.
Mas quando

E às profundezas deita mão,
Para que a vida exsurja,
O Todo-Esmagador.   Creem eles
Advenha, o Celeste,
Para junto dos mortos e poderoso
No abismo desenfreado,
Lá, no tudo-assinalante, auroresça.

Mas eu não poderia dizer
Que os Celestes se tornem fracos
Quando o fermento leveda.
Mas quando

            vai além

Subindo à cabeça do Pai, então

            e a ave do céu lhe
Dá o anúncio. Admirável
Em cólera ele sobrevém.

Fragmento 26

Mas a linguagem –
No trovão fala o
Deus
Às vezes eu possuo a linguagem
e ela disse: a cólera baste e valha para Apolo –
Se tens bastante amor, somente por amor te encolerizes

Tantas vezes ensaiei um canto, mas eles não te ouviram. Pois assim o queria, sagrada, a natureza. Cantaste, para eles, tu, em tua juventude não-cantando

Tu falaste à Divindade,
mas vós, todos vós, o esquecestes: que os Primogênitos
não aos mortais, mas aos Deuses, pertencem.
Mais comum, mais cotidiano, o fruto
deve tornar-se antes
de conformar-se aos Perecíveis.

Observação: Os poemas sobre o motivo dos "Titãs" foram escritos, provavelmente, no decurso do ano de 1803. O "Fragmento 26" ("Mas a Linguagem") pertence a uma fase anterior (em torno de 1800).

5. *DIÁBOLOS* NO TEXTO
(SAUSSURE E OS ANAGRAMAS)

A *função estética* da linguagem dificilmente se presta à análise, tão estreitamente entrelaçada está às funções de comunicação e de expressão. Esta, pelo menos, é a opinião de A. Martinet, em seus *Éléments de linguistique générale*.

Tem cabido, sobretudo a um linguista, Roman Jakobson, desafiar essa dificuldade e levantar esse interdito. Em seu ensaio "Linguistics and Poetics", oriundo de uma conferência interdisciplinar sobre problemas de estilo promovida pela Universidade de Indiana, podemos ler, à guisa de conclusão:

> A presente conferência demonstrou claramente que o tempo em que os linguistas, tanto quanto os historiadores da literatura, eludiam as questões referentes à estrutura poética ficou, felizmente, para trás [...] Se existem alguns críticos que ainda duvidam da competência da Linguística para abarcar o campo da Poética, tenho para mim que a incompetência poética de alguns linguistas intolerantes

tenha sido tomada por uma incapacidade da própria ciência linguística. Todos nós que aqui estamos, todavia, compreendemos definitivamente que um linguista surdo à função poética da linguagem e um especialista de literatura indiferente aos problemas linguísticos e ignorante dos métodos da Linguística são, um e outro, flagrantes anacronismos.

Em sua análise de um poema de Bertolt Brecht ("Der grammatische Bau des Gedichts von B. Brecht *Wir sind sie*", 1965), Jakobson insiste na mesma tecla: "Entre os estudiosos de literatura dos vários países, línguas, orientações e gerações, há sempre aqueles que veem na análise estrutural da poesia uma criminosa incursão da linguística numa zona proibida; por outro lado, existem linguistas de várias tendências que, de antemão, excluem a linguagem poética do círculo de temas de interesse de sua ciência. É problema dos trogloditas permanecerem trogloditas."[1]

Dir-se-á que Jakobson não é bem um linguista, ou antes, é mais do que um linguista: é um gênio. O argumento, se faz justiça a Jakobson, não o faz à ciência da linguagem, que fica assim reduzida à condição daquelas universidades americanas, de que fala o mesmo Jakobson, que se mostraram pequenas demais para conter a genialidade de um homem como Charles Sanders Peirce[2]. Giulio C. Lepschy, no seu excelente *La Linguistica strutturale*, reporta, nesta conformidade, uma curiosa crítica que se tem feito a Jakobson: a de "excesso de inteligência". Por força dessa "inteligência excessiva", o mestre russo-americano projetaria sua personalidade sobre certos problemas ainda em formação, antecipando e por vezes predeterminando seu desenvolvimento normal, graças à antevisão intuitiva de conclusões

[1] Roman Jakobson, Linguistics and Poetics, em T.A. Sebeok (org.), *Style in Language*, , Cambridge: MIT Press, 1960. Tradução brasileira em *Linguística e Comunicação*, São Paulo: Cultrix, 1968. Idem, "A Construção Gramatical do Poema 'Nós Somos Ele' de B. Brecht", Berlim, 1965; em português na coletânea *Linguística. Poética. Cinema,* São Paulo: Perspectiva, 1970.
[2] Roman Jakobson, À la recherche de l'essence du langage, em *Problèmes du langage*, obra coletiva, Paris: Gallimard, 1966. Em português na coletânea de R. Jakobson, *Linguística e Comunicação,* São Paulo: Cultrix, 1969.

que, à falta de dados adequados e de pesquisas sistemáticas e aprofundadas, não poderiam ser de todo satisfatórias...[3]

A publicação relativamente recente de certos inéditos de Ferdinand de Saussure veio mostrar que, muito ao contrário do que se poderia crer, Jakobson, com seus rasgos heurísticos e sua imaginação fonológica pronta a devassar os arcanos da estrutura poemática, não está isolado nem representa um caso extravagante no campo da linguística. Antes, o mestre genebrino, o pai reconhecido da linguística estrutural, lhe faz premonitória e iluminadora companhia.

Quem leu o estudo já famoso de Jacques Lacan "L'Instance de la lettre dans l'inconscient", sabe que o renovador da psicanálise em âmbito estruturalista critica o princípio da linearidade da linguística saussuriana em termos que pressupõem um desconhecimento ou um desinteresse por parte de Saussure em relação à poesia. Escreve Lacan:

> A linearidade que F. de Saussure considera constitutiva da cadeia do discurso, de conformidade com sua emissão por uma única voz e com sua disposição horizontal em nossa escrita, – se ela é necessária de fato, não é suficiente [...] Bastaria escutar a poesia, o que talvez Saussure não tivesse o hábito de fazer, para ouvir como emerge uma verdadeira polifonia, para saber que de fato todo discurso alinha-se nas várias pautas de uma partitura. Não há, com efeito, nenhuma cadeia significante que não sustenha, suspensa à pontuação de cada uma de suas unidades, na vertical, todo um articulado de contextos relevantes.

É que em 1957, quando Lacan publicou seu estudo, não haviam sido ainda reveladas os inéditos de Saussure sobre o problema dos "anagramas", que só vieram à luz em 1964, no *Mercure de France*, graças a Jean Starobinski[4].

---

3 Giulio C. Lepschy, *La linguistica strutturale,* Turim: Einaudi, 1966. (Trad. bras.: *A Linguística Estrutural,* São Paulo: Perspectiva, 1971.)
4 Na edição em livro de seus *Écrits*, Paris: Seuil, 1966, Lacan notificou o texto original, para refazer o juízo sobre Saussure e a poesia, à luz do trabalho de Starobinski.

Jakobson, em 1966, em entrevista que concedeu a Jean Pierre Faye (publicada em *Le Récit hunique*, deste último), indagado sobre a unidade da linguística e da poética, pôde já tomar em consideração esses e outros inéditos, para responder:

> Uma tal unidade pode já ser extraída dos ensinamentos de Saussure. Veja os seus "Anagrammes". Acabo justamente de examinar os seus manuscritos em Genebra, graças a Starobinski. Trata-se de sua obra mais genial, que chegou a assustar até mesmo seus discípulos. Daí a tentativa destes últimos de manter essa parte da obra saussuriana em segredo, tanto tempo quanto possível. Saussure, todavia, em carta a Meillet, dizia considerar esse trabalho como sendo sua obra-prima.

Mas, afinal de contas, que são os "Anagramas", onde Saussure, com certeza, teria também posto um tal excesso de inteligência e de imaginação que discípulos zelosos, mas despidos de igual criatividade, teriam julgado prudente, a bem da reputação do mestre, retardar-lhes a publicação?

Explica Starobinski, cujos comentários ao texto dos fragmentos saussurianos vamos acompanhar[5]: "Nos anos em que apresentava a seus estudantes da Universidade de Genebra o curso cujas notas iriam servir à publicação póstuma de *Linguistique générale*, Ferdinand de Saussure voltava sua atenção a problemas bem diferentes. A julgar pelos 99 cadernos de notas que ficaram inéditos, a mais importante dessas preocupações diz respeito a uma variedade particular de *anagrama*, que Saussure chamou, sucessivamente, anafonia, hipograma ou paragrama."

O *anagrama* propriamente dito, nós o sabemos, lida com as letras, os sinais gráficos, os dígitos do alfabeto fonético. Trata-se, como o define Mattoso Câmara Jr., de um "artifício que, na base da forma escrita, consiste em

---

5 Jean Starobinski, Les Anagrammes de Ferdinand de Saussure, *Mercure de France*, n. 350, fev. 1961. Posteriormente, Starobinski publicou mais quatro trabalhos sobre o assunto, reunindo-os, em 1971, em volume, *Les Mots sous les mots*. (Trad. bras.: *As Palavras Sob as Palavras*, São Paulo: Perspectiva, 1974.)

disfarçar uma palavra pela troca de posição das letras e, pois, dos correspondentes fonemas". Assim, EVA é anagrama de AVE; ROMA, de AMOR, e reciprocamente[6].

Saussure, porém, interessou-se pelo anagrama no plano exclusivamente dos fonemas, pelo anagrama enquanto "figura fônica", como diria Jakobson, constituído pela repetição de certos sons cuja combinação *imitaria* uma dada palavra. Daí o nome de *anafonia*, de que ele cogitou, para depois o reservar ao anagrama fônico imperfeito, onde a repetição dos fonemas da palavra-tema não seria completa. A simples correspondência sonora (aliteração, rima, assonância), o que Saussure chama *harmonias fônicas*, não se confundiria seja com o anagrama, seja com a anafonia, por não incluir o fator de imitação de uma palavra dada. Esta palavra-tema (um onomástico, nome de deus ou herói), Saussure a reconhece da maneira bastante livre, sem respeito à ordem de sucessão linear dos fonemas, como se alguns elementos "privilegiados" (no sentido da teoria da *Gestalt*, caberia dizer) se fossem ressaltando para o seu ouvido contra um bastidor fonético de elementos menos relevantes.

As observações de Saussure nasceram do estudo do verso saturnino latino, caracterizado pela aliteração. Ao cabo do exame que empreendeu, a prática aliterativa pareceu-lhe, neste verso, a manifestação particular e menos significativa de determinadas leis fônicas, cujo fulcro estaria justamente no anagrama e na anafonia. Assim, no exemplo:

Taurasia Cisauna Samnio cepit

Saussure reconhece o nome de *Scipio* (Cipião), convocando para esta reconstrução fonológica as sílabas Ci (de *Cisauna*), pi (de *cepit*) e io (de *Samnio*), além de vislumbrar

---

6 O excelente trabalho de hermenêutica das "máscaras verbais" de Lautréamond, publicado por Leyla Perrone-Moisés no Suplemento Literário de *O Estado de S.Paulo*, 24 maio 1969, inscreve-se sobretudo no campo do anagrama propriamente dito (no caso, a manipulação combinatória de letras de antropônimos).

uma outra repetição, quase-perfeita, do mesmo nome-tema, em fonemas de *Samnio cepit* (a sibilante inicial e as vogais finais da primeira palavra; os quatro primeiros fonemas da segunda). Neste outro exemplo:

Mors perfecit tua ut essent

o autor do *Cours* discerne a repetição ordenada de uma série vocálica:

o – e – i – u,

modelada no vocalismo do nome *Cornelius,* com uma única imperfeição, o primeiro *e*, breve, de *perfecit*, que não responderia exatamente ao *e* longo do nome-tema, sem todavia se desviar do timbre *e*.

Pensou também Saussure em dar à sua descoberta o nome de *hipograma*, palavra cujos sentidos de "fazer alusão", "reproduzir por escrito como um notário", "sublinhar com pintura os traços do rosto", se acomodariam, todos, à definição do fenômeno examinado, a saber: "sublinhar um nome, uma palavra, esforçando-se por repetir-lhe as sílabas, dando-lhe assim uma segunda maneira de ser, factícia, ajuntada por assim dizer à original do vocábulo".

Finalmente, chegou ele ao termo *paragrama*, salientando sempre que o uso do radical *grama* não deveria ser tomado no sentido de que a figura estudada fosse de natureza escrita, gráfica. *Anagrama* estaria reservado, nesta derradeira especificação terminológica, aos casos em que a palavra-tema ficasse contida num pequeno espaço fônico (uma ou duas palavras), quase como na definição tradicional do artifício. O anagrama representaria, assim, apenas um aspecto restrito e menos importante do fenômeno mais amplo de mimetismo fônico denominado *paragrama*.

Este *paragrama* (ou *hipograma*), repara Starobinski, "faz com que um nome simples perpasse no desdobramento complexo das sílabas de um verso; será mister reconhecer e aproximar as sílabas diretoras, como Ísis reunia o corpo despedaçado de Osíris". Metáfora tanto mais apropriada, acrescento por minha conta, quanto é certo que o nome de Osíris, por seu turno, contém redistribuídos, *anagramatizados*, os fonemas de Ísis...

Mas Saussure não fica nisto. Ao lado do *paragrama* em suas várias modalidades, ou concomitantemente com ele, descobre também harmonias fônicas resultantes de repetições de elementos em número par (o que chama "couplaison", acoplamento). Assim, no verso:

> *Subigit omne Loucanam opsidesque abdoucit*

percebe os seguintes elementos fônicos, cada qual duas vezes repetido: *ouc, d, b, it, i, o, n, m.*

Da avaliação de suas pesquisas, Saussure conclui que, podendo todas as sílabas concorrer para a simetria fônica, existe no *carmen* um segundo princípio combinatório, independente do esquema rítmico do verso, mas que a este se alia para constituir a forma poética. Para satisfazer a esse princípio segundo, *o poeta tinha por função entregar-se à análise fônica das palavras.* A ciência da forma vocal das palavras – salienta Saussure – é que faria, desde os tempos mais antigos indo-europeus, a superioridade, a qualidade especial, do "Kavis" hindu, do "Vates" latino.

Passando à análise da poesia védica, Saussure encontra, de fato, os mesmos fenômenos. Nos hinos dedicados a *Agni Angiras,* por exemplo, detecta uma série de "calembours" como *girah* (cantos), *anga* (conjunção) etc., que visam a imitar as sílabas do nome sacro. No primeiro hino do *Rig-Veda*, descobre uma análise gramático-poética inspirada na análise fonopoética de base (esse hino, segundo Saussure, declina o nome divino de *Agni*). Simetrias sonoras paritárias são por ele também reconhecidas na arte poética hindu.

Estendendo suas investigações à antiga poesia germânica aliterante, Saussure faz uma curiosa digressão etimológica. Se incumbia ao poeta, por vetusto preceito de sua arte, a análise da substância fônica das palavras (seja para a organização de séries puramente acústicas dominadas pela regra paritária; seja para a constituição de séries alusivo-imitativas – *paragramas* – em torno de um nome-tema), então cabe indagar como o poeta faria o cômputo dos elementos fônicos analisados. Esta cogitação permite a Saussure interpretar a palavra alemã *Stab*, em sua tripla acepção de "varinha", "fonema aliterante da poesia" e "letra". O poeta, que deveria combinar sons em número determinado, usaria seixos de cores diferentes ou varinhas de diversos tamanhos para marcar os sons utilizados, à medida que fosse compondo o seu canto. A relação de "varinha" como "fonema" ficaria assim historicamente elucidada, pois o poeta contava os fonemas por meio de varinhas. Este *Stab* (instrumento computador de fonemas, ou simplesmente fonema por metonímia), anterior à escrita, depois se iria aglutinar com *Buch* (*buoch*, casca de faia na qual se podiam traçar caracteres) para formar o atual composto *Buchstabe* (letra).

O ponto nodal das reflexões de Saussure sobre os fenômenos anagramáticos está, justamente, naquilo em que elas tocam a questão da linearidade da língua. Trata-se, como diz Starobinski, da questão do *tempo* na linguagem, que, por força do anagrama, surge a uma nova luz, quando os fonemas da palavra-tema são deslocados da ordem que lhes é própria, passando a sofrer um tratamento *fugal*.

Como é sabido, um dos postulados fundamentais da linguística saussuriana é o da linearidade do significante do signo linguístico ("os significantes acústicos não dispõem senão da linha do tempo; seus elementos se apresentam um após o outro; eles formam uma cadeia"; este "caráter linear da língua exclui a possibilidade de se pronunciarem dois elementos ao mesmo tempo", Saussure, *Cours*). Jakobson contestou a validade desta assertiva, invocando para infirmá-la o caráter não-linear, mas simultâneo, dos traços distintivos que constituem o fonema. Escreve o autor de "Para a Estrutura do Fonema": "Sim, é claro que não se pode articular ao mesmo tempo dois sons da fala, mas quanto a duas ou mais propriedades fônicas é claro que se pode!" E exemplifica mostrando que a reunião de duas qualidades distintivas – tonalidade clara e efeito acústico abafado – num mesmo fonema é uma relação de dois elementos simultâneos *in praesentia*[7].

Do ponto de vista de uma psicanálise estrutural, vimos a refutação que também faz Lacan ao princípio da linearidade, chamando à tela, precisamente, o caráter *polifônico* da poesia e, por extensão, a disposição em partitura, que todo discurso traz implícita.

Pois é da maior importância saber que o próprio Saussure passou a admitir a mitigação de seu axioma, pelo menos no campo da linguagem poemática, através do estudo do *paragrama*, que não obedece ao princípio da consecutividade no tempo. Pondera o mestre: "Pode-se dar TAE através de *ta* + *te*, isto é, convidar o leitor não mais a uma justaposição na consecutividade, mas a uma média das impressões acústicas fora do tempo? fora da ordem no tempo que têm os elementos? fora da ordem linear que é observada se eu dou TAE através de TA–AE ou TA–E, mas que não o é se o dou através de *ta* + *te* a serem amalgamados fora do tempo como eu o poderia fazer com duas cores simultâneas?"

Eis, no plano fônico, o preceito mallarmeano, mais geral, das "subdivisões prismáticas da Ideia", que inspirou a explícita configuração em partitura (horizontal/vertical) do *Lance de Dados* (1897), e que vai instigar depois o *simultaneísmo* futurista e dadaísta. Jakobson, em 1914, escreveria a Vielimir Khliébnikov sobre o problema dos "signos unitários simultâneos", da "simultaneidade" (*odnovremennost*) em poesia, das analogias com notas musicais, sem saber que preocupações bastante semelhantes tinham obsediado os últimos anos de Saussure, falecido em 1913[8]. Na poesia

---

7 Em *Fonema e Fonologia*, organização e tradução de J. Mattoso Câmara Jr., Rio de Janeiro: Livraria Acadêmica, 1967.
8 Cf. "Retrospecto", idem. Jakobson declara que, na sua busca dos infinitesimais do verbo poético, no seu manuseio paronomástico com os pares opositivos mínimos, Khliébnikov propiciou a antecipação das

concreta brasileira temos um exemplo frisante de contestação até programática do dogma da linearidade (desde os seus primeiros manifestos, a culminar no *Plano Piloto*, de 1958: "estrutura espácio-temporal, em vez de desenvolvimento meramente temporístico-linear")[9], assim como de manipulação criativa dos efeitos da simultaneidade para a produção de textos destinados a uma leitura não linear, mas plúrima. No poema "Lygia fingers", da série *Poeta-menos* (1953), de Augusto de Campos, inspirado na técnica da "Klangfarbenmelodie" (melodia de timbres) do compositor Anton Webern, há, por exemplo, uma verdadeira anagramatização progressiva do nome-tema, a percorrer toda a peça, com seus fonemas total ou parcialmente redistribuídos por outras palavras (*digital, linx, felyna, figlia* etc.), as quais funcionam como emblemas metonímicos ou metafóricos da feminilidade e seus atributos. Como o antigo poeta germânico, que se servia de seixos coloridos para marcar os fonemas de sua composição, o poeta concreto se valeu de uma notação própria, onde cores diferentes assinalam as diversas "partes" (no sentido musical) de leitura, cada conjunto fonotemático devendo ser executado por uma voz (timbre) diversa (cinco vozes ao todo no poema considerado)[10].

unidades fonêmicas últimas. O poeta designava esses fenômenos por "declinação interna das palavras". Este meu ensaio foi publicado em 1969. Em 1971, Jakobson estampou na revista *L'Homme* o estudo "La Première lettre de Ferdinand de Saussure à Antoine Meillet sur les anagrammes" (hoje em *Questions de poétique*, Paris: Seuil, 1973), que confirma as conjecturas aqui por mim desenvolvidas quanto às afinidades vislumbráveis entre o anagrama saussuriano e a definição jakobsoniana da função poética (afinidades que só se manifestaram com a revelação dos inéditos do mestre genebrino).

9 Para se ver como este problema tem hoje voga na vanguarda francesa dos anos 1960 e 1970, leia-se a comunicação de J.L. Houdebine, "L'Analyse structurale et la notion du texte comme *espace*", em Linguistique et Littérature, número especial da revista *La Nouvelle critique* (colóquio de Cluny, 1968).

10 Já em 1955, no Teatro de Arena, este e outros poemas da série foram oralizados pelo grupo "Ars Nova", dirigido por Diogo Pacheco, simultaneamente com a projeção de diapositivos de seus textos-partitura, num espetáculo em que a música de Webern também comparecia. Em ensaio

Mas voltemos aos cadernos saussurianos. Neles, informa Starobinski, os textos propriamente expositivos são raros, avultando em contraparte os exercícios de decifração paragramática de Homero, Virgílio, Lucrécio, Sêneca, Horácio, Ovídio, Plauto etc.

Estimulado pelos resultados de sua análise, e considerando incontestáveis os fenômenos observados em seu valor geral, o mestre se interroga sobre as origens do processo anagramático. Tratar-se-ia de uma tradição "oculta" ou "reservada"? Saussure não encontrou testemunhos que a confirmassem nos escritos antigos. Todavia, conclui em modo hipotético:

1. Não se saberia jamais medir a força de uma tradição desse gênero. Muitos poetas franceses do séc. XIX não teriam escrito na tradição prescrita por Malherbe se se tivessem sentido livres para tanto. Virgílio, encontrando os anagramas em Homero, não deixaria de procurar, neste ponto, emular o rapsodo grego.

2. A dificuldade poética pode servir de instigação à composição (coma no caso da rima). Admitindo-se que o método habitual e fundamental da poesia consistisse na decomposição prévia da palavra-tema, então a dificuldade do anagrama serviria também ao poeta, que se inspiraria nas sílabas dessa palavra para as ideias a emitir ou as expressões a eleger. Mas o problema continua a preocupá-lo. Os *paragramas* não seriam meros produtos do acaso? Para o observador predisposto a discernir estruturas significantes através da reunião de fonemas dispersos, a linguagem, por sua dinâmica interna, não as engendraria quase que automaticamente? Starobinski menciona a seguinte observação de Saussure como representativa do dilema que enfrentava o pensamento do mestre em seu último estágio:

sobre *Un Coup de dés*, incluído em *La Révolution du langage poétique*, Paris: Seuil, 1974, Julia Kristeva reconhece a relação entre a "rítmica fônica" da linguagem mallarmaica e a "melodia de timbres" weberniana, constatação que a poesia concreta vem fazendo na teoria e na prática do poema desde os primeiros anos da década de 1950.

119

"A materialidade do fato pode ser devida ao acaso? Isto é, não seriam as leis do *hipograma* de tal modo amplas que delas infalivelmente resultaria que se encontrasse cada nome próprio, sem que se tivesse razão para espanto, na latitude dada?..."

Tal como Mallarmé, perseguido por *Le Hasard* e tentando aboli-lo através ("talvez") de uma "constelação" (*compte total en formation*), o mestre de Genebra (*Le Maître / hors d'anciens calculs*) luta com o acaso, procurando aprisioná-lo na figura móvel (*dispersion volatile*) de seus *paragramas*, discipliná-lo na rede combinatória de suas "harmonias fônicas". Em ambos os exemplos, o acaso, se não é eliminado, é incorporado irremissivelmente à reflexão de seus antagonistas (*si c'était le Nombre / ce serait le Hasard*, adverte Mallarmé). Ainda como o genial poeta do *Coup de dés*, que indaga de Valéry, mostrando-lhe seu poema: – "Não vos parece um ato de loucura?", também Saussure escreve a Meillet, na dúvida de estar sendo vítima de uma ilusão subjetiva. Meillet, em sua carta-resposta (reproduzida por Starobinski), invoca o exemplo de Bach, para justificar aquilo que, aos olhos de terceiros, poderia afigurar-se uma idiossincrasia infundada e tola: "Vê-se bem aí (reporta-se a uma tese universitária recém-aparecida sobre a *Estética de Bach*) como preocupações tão pueris na aparência como a do anagrama obsediam Sebastian Bach e, não o impedindo de escrever música fortemente expressiva, antes o guiam no trabalho da forma expressiva."[11]

---

11 Os estudiosos vacilam sobre as relações de Meillet para com seu mestre Saussure. Georges Mounin, *Saussure ou le structuraliste sons le savoir*, Paris: Seghers, 1968, escreve: "Um dos elementos capitais da solidão de Saussure é a incompreensão (profunda) de Meillet." Túllio de Mauro, em suas notas à edição italiana do *Corso di linguistica generale*, Bari: Laterza, 1968, comenta nos seguintes termos a correspondência trocada entre mestre e discípulo sobre os anagramas: "Das cartas de Saussure se extrai que o discípulo parisiense hesita em responder francamente, e deve ter tido uma opinião negativa sobre toda a pesquisa." Jakobson, com bons argumentos, procura demonstrar o contrário em seu ensaio de 1971, "La Première lettre de Ferdinand de Saussure...", op. cit.

Starobinski termina sua primeira apresentação dos trabalhos saussurianos com uma suspensão de julgamento. Para Saussure, a poesia clássica seria uma arte combinatória; mas toda linguagem é combinação. O campo está assim livre para os decifradores, sejam cabalistas ou foneticistas. E se não houver cifra a decifrar (um "fundo latente", uma "linguagem secreta sob a linguagem")? Restarão – conclui Starobinski – o "apelo do segredo", a "expectativa da descoberta", os "passos perdidos no labirinto da exegese..."

O fato, porém, é que, embora localizada na arte poética clássica, a teoria genial de Saussure sobre os *paragramas* – o seu "lance de dados" final – se revela um instrumento inestimável para a avaliação da essência da poesia. No *paragrama* (que é, como diz Lepschy, uma espécie de "paráfrase espacializada" da palavra-tema) realiza-se, em última instância – e não é decisivo saber aqui se há por trás da figura a operação de um ritual poético imemorial[12] –, a fusão de som e sentido característica da "função poética" da linguagem, e que Jakobson, autonomamente, pesquisou desde os seus primeiros trabalhos. No simultaneísmo da leitura paragramática se espelha aquela projeção do paradigma sobre o sintagma que, segundo Jakobson, distinguiria a poesia. De fato, o paragrama tem a natureza de um paradigma fônico, em que a palavra-tema funciona como centro da constelação associativa e as variantes combinatórias dos fonemas desta palavra-núcleo fazem as vezes dos termos coordenados que para tal centro convergem (paradigma, na definição tradicional, significa modelo, tábua de flexões de uma palavra dada como modelo de uma série, de uma declinação). A *paronomásia* (jogo de palavras, trocadilho), figura-rainha da poesia na concepção de Jakobson, não é senão uma outra

---

12 Tratar-se-ia, em todo caso, de um fenômeno de "configuração subliminar", como os que estuda Jakobson na poesia popular eslava. Cf. "Configuração Verbal Subliminar em Poesia", em *Linguística. Poética. Cinema*, estudo colocado significativamente sob uma epígrafe extraída dos manuscritos de Saussure: "Que le critique d'une part, et que le versificateur d'autre part, le veuille ou non."

maneira, mais ampla, de ver o fenômeno do paragrama saussuriano[13]. Por força dela, a semelhança fonológica é sentida como um parentesco semântico, como por força da *anafonia* (*paragrama*) o nome-tema reiteradamente se desenha no horizonte significativo do poema. Quando Poe, na célebre análise jakobsoniana, faz o seu corvo (*raven*, foneticamente *rêiven*) pronunciar seu próprio nome às avessas (*never*) – R.V.N. / N.V.R. –, está anagramatizando uma palavra-tema, assim como Virgílio, na decodagem saussuriana, faz aflorar os fonemas de *Priamides* nos versos da *Eneida* que descrevem a aparição em sonho, a Eneias, de Heitor, filho de Príamo (Canto II, v. 268 e seguintes: "Tempus erat quo prima quies mortalibus aegris / Incipit, et dono divum gratissima serpit" etc.).

Desta forma, as reflexões de Saussure sobre o *paragrama*, extrapolando da pura investigação fonológica, tocam o cerne mesmo da poesia, e o que é mais significativo, sem embargo de se nutrirem na poesia clássica, projetam-se em cheio na atualidade, como que a demonstrar a continuidade da invenção poética, a coexistência sincrônica de passado de cultura e presente de criação. Starobinski, embora ressalte que nas análises saussurianas não se cogita da poesia moderna, não se furta a entrever um tal alcance prospectivo, ao observar que o método de composição de Raymond Roussel (este pioneiro da *écriture* francesa de hoje) se deixaria estudar pelos critérios paragramáticos, e ao mencionar nesta conexão o livro de Michel Foucault (1963) sobre o autor de *Impressions d'Afrique*. E não é de

---

13 Cf. Aspectos Linguísticos da Tradução, *Linguística e Comunicação*: "Em poesia, as equações verbais são elevadas à categoria de princípio constitutivo do texto [...] A semelhança fonológica é sentida como um parentesco semântico. O trocadilho, ou, para empregar um termo mais erudito e talvez mais preciso, a *paronomásia*, reina na arte poética." Evidentemente, o conceito de *paronomásia*, em Jakobson, é lato e operacional (como, de resto, os de metáfora e metonímia), desbordando das palavras "parônimas" dos compêndios de retórica, para colher "todos os constituintes do código verbal", confrontados segundo os princípios estudados na "poesia da gramática" jakobsoniana.

surpreender que Julia Kristeva, do grupo da revista *Tel Quel*, tenha retomado as derradeiras especulações saussurianas como diretriz para um importante e ambicioso trabalho de investigação semiológica da produção textual ("Pour une sémiologie des paragrammes")[14]. Eis como Kristeva estabelece, a partir de Saussure, um conjunto de princípios que poderia levar à revisão do conceito geral de texto literário:

a. A linguagem poética "dá uma segunda maneira de ser, factícia, acrescida por assim dizer à original da palavra".

b. Existe uma correspondência dos elementos entre si, por "acoplamento" e por rima.

c. As leis poéticas *binárias vão* até à transgressão das leis da gramática.[15]

d. Os elementos da *palavra-tema* (até mesmo uma letra) "se estendem por todo o comprimento do texto ou

14 *Tel Quel*, n. 29, 1967. Tradução brasileira em Julia Kristeva, *Introdução à Semanálise*, São Paulo: Perspectiva, 1974. Reproduzo aqui o que escrevi em nota a meu ensaio "Umbral Para Max Bense", introdutório à *Pequena Estética*, São Paulo: Perspectiva, 1971, do filósofo de Stuttgart: Kristeva intenta em "Por uma Semiologia dos Paragramas" uma interpenetração frutuosa entre a semiologia e os esquemas formais lógico-matemáticos, cuja transposição possa fornecer o modelo teórico para a explicação dos sistemas significantes na língua natural, considerando qualquer outra aplicação *a posteriori* desses esquemas como uma tecnização secundária, embora não destituída de interesse; Umberto Eco encara com reservas essa "formalização exasperada do discurso poético" (*A Estrutura Ausente*, São Paulo: Perspectiva, 1971); Jacques Roubad e Pierre Lusson a contestam em nível de propriedade matemática (*Action Poétique*, n. 41-42, 1969); não obstante, o estudo de Kristeva (mesmo à parte de seu aparato lógico-matemático, que pode ser visto no caso exatamente como uma "técnica secundária", útil, de diagramatização ilustrativa), parece-me rico de observações criativas e ousadoras instigadoras, graças sobretudo ao fascinante desenvolvimento que dá aos postulados "anagramáticos" do último Saussure.

15 Kristeva, ao que parece, extraiu este princípio da seguinte observação de Saussure: "creio poder provar, por uma grande série de exemplos, que as inexatidões de forma, algumas vezes tomadas por arcaísmos, na poesia saturnina epigráfica, são *deliberadas*, e estão em relação com as leis fônicas dessa poesia."

então são acumulados num pequeno espaço, como o de uma palavra ou duas".

Donde, a modo de corolário, as três teses de Kristeva:

1. A linguagem poética é a única infinitude do código.
2. O texto literário é um duplo: escritura-leitura.
3. O texto literário é uma rede de conexões. Na última tese está contida a contestação da "linearidade", através de um "modelo tabular", sistema de conexões múltiplas, rede polivalente, "grafismo dinâmico e espacial designando a pluridetermização do sentido".

Saussure se transforma assim, por seu extremo e mais ousado "lance de dados", em teórico da vanguarda. Sua obra, como a de Mallarmé, cujo exato perfil heurístico só o futuro poderia definir, termina também em falésia[16].

---

16 É bem verdade que, de um ângulo diacrônico, as pesquisas sobre os "anagramas" (desenvolvidas entre 1906-1909) são mais ou menos coletâneas das preleções que redundaram no *Cours* (ministradas até 1911). Para a visada sincrônica do observador da atualidade, todavia, esses exercícios de decifração anagramática, interrompidos por um interrogar sem resposta e excluídos do conhecimento dos leitores do *Curso* póstumo (1. ed., 1916) – Jakobson fala mesmo numa "dissimulação" dos manuscritos por "meio século"... – é que revelam a face oculta do mestre, carregada de audazes premonições, que só os vindouros saberiam recolher. (Não esquecer que um especialista como R. Godel, ainda em 1960, referia-se aos cadernos de anagramas como "longa e estéril investigação"...)

6. HAGOROMO: PLUMAS PARA O TEXTO

*para Hélio Oiticica
inventor de parangolés
roteirista de pérgulas voláteis*

Toda civilização realizada tem um projeto geral de beleza. Este projeto pode ser distinguido no mais humilde artefato cotidiano – numa peça de mobiliário ou num utensílio de mesa – e nos mais altos artefatos da mente – obras de arte visuais, sonoras ou verbais, para nos cingirmos ao campo da cultura artística. Nesse sentido, que implica também o de uma tradição viva – que não deve apenas ser conservada, mas continuamente vivificada – podemos dizer que a civilização japonesa nos oferece um projeto geral. Desde a estrutura interior de uma casa – que prefigura a ortogonalidade nítida e despojada de Mondrian – até o positivo-negativo de um jardim reduzido à antieloquência extrema de areia e pedra; desde os objetos sucintos que fazem a marcação do ambiente de convívio diário – copos, vasos, lâmpadas, tatame (esteiras) até os acessórios de uma cerimônia de chá (onde o rito preside à função e a delineia); desde a brevidade de alta tensão verbal de um haicai até o teatro nô, limitado ao essencial cênico, onde a ação a todo momento se recusa à ação e um código estrito de gestos elide a superfetação – um simples movimento de leque bastando para indicar a morte da personagem: eidética do drama, sem demagogia e sem parafernália.

No Ocidente, o nô tem interessado não apenas a orientalistas da competência de um Arthur Waley (*The Nô Plays of Japan*) e de um Noël Péri (*Cinq Nô*), mas a artistas do porte de um Yeats ou de um Ezra Pound. Yeats serviu-se do esquema formal do nô para desenvolver sua própria experiência teatral ("At the Hawk's Well") sobre o fabulário irlandês; Pound, baseando-se nos trabalhos do linguista Ernest Fenollosa (um dos raros ocidentais aptos a participar de um coro de nô), recriou em inglês várias dessas peças, entre as quais "Hagoromo" (*Certain Noble Plays of Japan*, 1916; texto republicado, com introdução e comentários, em *The Translations of Ezra Pound*, 1953).

Do ponto de vista da estrutura e do texto é impressionante a modernidade do nô. Algo do teatro mental de Mallarmé (*Igitur*), do teatro "sintético" mais programado do que realizado pelos futuristas, da "síntese teatral abstrata" imaginada por Kandínski, ou ainda de certos postulados da dramaturgia de Brecht. Pound viu nele a possibilidade de um "poema longo, imagista ou vorticista", anotando: "Os japoneses que produziram o haicai também criaram o nô [...] No melhor nô a peça inteira é catalizada em torno de uma imagem" (cf. Earl R. Miner, "Pound's Debt to Japan", *The Pound Newsletter*, 6, 1955). Na teoria vorticista (movimento liderado por Wyndham Lewis e E.P. na década de 1910; contraparte londrina do futurismo e do cubismo), *o vórtice* é o "ponto de máxima energia", e não será difícil compreender o alcance da colocação de Pound, se acompanharmos esta explanação de Donald Keene: o nô "é em certo sentido o equivalente amplificado do breve haicai, apresentando apenas os momentos de maior intensidade, como que a sugerir o resto do drama." (*Japanese Literature*). "Como o haicai portanto" – continua Keene – "o nô tem dois elementos, servindo o intervalo entre a primeira e a segunda aparição do dançarino principal como o corte no haicai; o auditório deverá suprir o elo entre ambos". O que Pound exprime com a ideia de "imagem unificadora", um verdadeiro processo de montagem ideogrâmica, por ele desenvolvido ao longo dos anos subsequentes na arquitetura monumental de *Los Cantares*. Mas não seria preciso argumentar muito para transpor, em termos de uma estética atual, a teoria do nô. Zeami Motokiyo (1363-1443), a principal figura na história desse teatro, já explica assim a arte do nô: "O que mantém as partes unificadas é a mente. Esta não deve ser exposta ao auditório. Seria como deixar à vista os cordéis de um fantoche. A mente deve ser convertida nos cordéis que unem todos os poderes da arte." (*Anthology of Japanese Literature*, compilada por D. Keene).

Em nossa língua, há um trabalho sobre nô, publicado em 1954, em Tóquio, pelo escritor português Armando Martins Janeiro. Trata-se de uma edição muito bem cuidada graficamente, reproduzindo o texto original de "Kantan", e incluindo, além da tradução desta peça, as de "Yuki" e "Hagoromo", bem como uma informada e atualizada introdução[1]. Desconhecendo o japonês, valeu-se o autor da colaboração de Yoshimoto Okamoto e da versão literal de Oshima Akiko, consultando ainda as principais versões existentes, em inglês e francês. O texto, respeitável como documento, não se propõe evitar certos clichês convencionais, carecendo de uma preocupação mais criativa, à maneira Pound. Compare-se (de "Hagoromo"):

---

1 Armando Martins Janeiro, *Nô: Teatro Lírico Jápônes*, Tóquio: Maruzen, 1954 (edição de 250 exemplares numerados). Posteriormente, o mesmo autor lançou *O Teatro de Gil Vicente e o Teatro Clássico Japonês*, Lisboa: Portugália, 1967, importante estudo comparativo, no qual incluí as peças já mencionadas, acrescentando-lhes outras três versões ("Aoy no Uye", "Sumidagawa" e "Kikujido").

> E este formoso manto
> Pendurado no ramo do pinheiro? Vou ver de mais perto.
> Que cor belíssima! E que fragrância!

com:

> *All these are no common things,*
> *nor is this cloak that hangs upon the pine-tree.*
> *As I approach to inhale its colour,*
> *I am aware of mystery.*
> *Its colour-smell is mysterious.*

Onde Janeiro apresenta uma situação estilística tradicional (agravada por uma inversão – *formoso manto*, um superlativo enfático – *belíssima*, e um substantivo procurado – *fragrância* em vez de perfume ou aroma), Pound aplica uma "sinestesia" – cor-aroma –, preparada por aquele "respirar sua cor (*inhale its colour*), o que dá toda a atmosfera mágica do encontro do pescador com o divino (*o hagoromo*, ou manto de plumas de uma *Tennin,* anjo-feminino ou, mais exatamente, ninfa da lua na peça). E note-se, as traduções de nô não são absolutamente um *hit* poundiano. E.P. àquela altura apenas iniciava seus estudos do ideograma (através do chinês), tendo que servir-se dos manuscritos de Fenollosa sem consulta ao original, o que limitou sua possibilidade de interpretação e escolha. Hugh Kenner, justamente porque essas traduções contêm "pouco de Pound", as coloca muito aquém das traduções de poesia chinesa que formam a série "Cathay", e cujo ápice seria atingido com as mais recentes "Odes" (*The Classic Anthology Defined by Confucius,* 1954)[2]. Se o texto original autorizaria o parti-

---

2 Em livro recente, *The Pound Era,* Berkeley/Los Angeles: University of California Press, 1971, Hugh Kenner desenvolve o argumento, comparando as versões de poemas chineses (*Cathay*) com as de peças nô, adaptadas por E.P. a partir de glosas em prosa, e que não lhe requereram os mesmos "prodígios de recriação". Observação iluminadora: Mary Fenollosa, a viúva do filósofo e orientalista americano, confiou ao jovem Pound, em 1913, os manuscritos de seu marido, não porque Pound tivesse uma formação curricular de sinólogo ou niponólogo,

cular achado poundiano considerado no exemplo, é algo que não me parece decisivo, pois estou persuadido de que a *Gestalt* geral do nô não apenas justifica, mas requer este tipo de tratamento reinventivo. Donald Keene, abordando a questão da tradução do nô, fala da alternância de trechos "numa prosa muito próxima ao coloquial da época", com a poesia das partes cantadas, de extraordinária complexidade e dificuldade. Salienta o papel da linguagem "rica em alusões e trocadilhos", encarecendo particularmente a função das *pivot-words* (*kakekotoba*), cujo equivalente ocidental seriam, nem mais nem menos, as *palavras-valise* de Lewis Carroll (*galumphing*/galunfante) e Joyce (*silvamoonlake*), – de nossos Oswald de Andrade (*tombandalho*) e Guimarães Rosa (*turbulindo*), para dar estes exemplos mais próximos. Keene analisa a expressão *semukata nami*, que significa "sem esperança". Acrescentando-se a sílaba *da* ao último termo, obtém-se *namida* (lágrimas), jogo que permite, na peça "Matsuzake", a evocação de uma imagem feminina simultaneamente "desesperada" e "em pranto" (algo como "desesplangente"...), a partir da própria matéria-prima verbal. Por outro lado, a "sinestesia" como recurso não é estranha à poética japonesa. Num haicai de Bashô, citado ainda por Keene:

> *umi kurete / kamo no koe / honoka ni shirosi*
> *the sea darkens / the cries of the seagulls / are faintly white*

a impressão sonora dos "gritos de gaivotas" se funde com a visual ("vagamente brancos")[3].

Por trás de certos ideogramas dos *Analectos* de Confúcio, Arthur Walley viu um sábio, bordado em tapeçaria, expondo o Caminho:

mas simplesmente – salienta Kenner – pela perícia revelada por E.P. em seus poemas "imagistas" (inclusive o depois famoso "In a Station of the Metro"), congeniais em relação à poética japonesa.
3 Proponho em português: *marescuro / gaivotas : gritos / vagamente brancos*.

> *The Master said, Who expects to be able to
> go out of a house except by the door? How
> is it then that no one follows this Way of ours?*

e Pound uma pessoa viva, falando com senso prático:

> *He said: The way out is via the door, how
> is it that no one will use this method?*

Eis como Hugh Kenner, quase à maneira de parábola, põe o problema da tradução-documento (convencional) de um lado e da tradução-reinvenção (criativa) de outro (no caso, tratava-se de "desconvencionalizar" o texto, geralmente solenizado pelos intérpretes, devolvendo-lhe para tal fim a agilidade do modo coloquial). Problema que, a meu ver, se resolveria no trabalho de equipe, num verdadeiro *laboratório de textos,* conjugando ao mesmo tempo o especialista na língua e o artista-criador (se possível também iniciado no idioma do original a recriar)[4].

Embora não retomasse suas traduções de literatura japonesa, dedicando-se exclusivamente à chinesa, Pound nunca deixou de recordar a impressão que lhe causou aquele primeiro contacto, via Fenollosa, com o teatro nô, que já então lhe parecera "inquestionavelmente uma das grandes artes do mundo". Nos *Cantos Pisanos* (1948), a ninfa do *hagoromo* comparece, superpondo sua imagem à das ninfas do plenilúnio do *Paradiso* dantesco ("Quale nei plenilunii sereni / Trivia ride tra le ninfe eterne"; ou seja, Diana/*Trívia*, entre as ninfas eternas/*estrelas*, rindo luminosamente nos plenilúnios serenos; *Par.*, XXIII, 25-26) :

> "With us there is no deceit"
>   said the moon nymph immacolata
>   Give back my cloak, hagoromo.

(*Pisan Cantos*, LXXX)

---

[4] Trato do assunto de maneira mais detida em "Da Tradução Como Criação e Como Crítica", *Metalinguagem*, Petrópolis: Vozes, 1967 (*Metalinguagem e Outras Metas*, 4. ed., São Paulo: Perspectiva, 1992).

Ao traduzir as "Trachiniae" de Sófocles (*Women of Trachis*, 1954) – em linguagem coloquial e *slang*, entremeados por momentos de superpoesia, o fluente *cantabile* dos coros – Pound dedica essa recriação ao poeta Kitasono Katsue (diretor da revista de vanguarda VOU), com a significativa sugestão de que ela fosse oferecida ao conjunto Minoru de nô, caso este se deixasse persuadir a integrá-la em seu repertório....

"Hagoromo", especialmente, é um texto que me parece talhado – inclusive como intriga – para atrair a mente poundiana. Paul Arnold (*Le Théâtre japonais*) esclarece: "Hagoromo" é um "amálgama de ação sagrada – um rito celeste trazido à humanidade como sinal de aliança, e de ação humana – a malícia do velho pescador". Algo da artimanha de Ulisses, pregando peças em seus contendores divinos, sublinha a figura do pescador Hakuryo, impondo à ninfa da lua suas condições, sob pena de reduzi-la ao exílio numa "terra sombria", antes de lhe devolver o "manto de plumas" achado. Desalienação, ou a hominidade passando o maravilhoso por seu crivo pragmático. Tudo serenamente e, por fim, reconciliadamente, sem as agruras do périplo homérico ou o abutre rancoroso de Prometeu. Humor branco, desenvoltura coloquial (as intervenções do pescador), alternando com lirismo imagista do melhor quilate (as lamentações e falas da ninfa). Entre ambos, o poder ético-moderador ou poético-pontilhista do coro.

Marginália

O *kanji* (ideograma) de *hagoromo* compõe-se de dois pictogramas superpostos. A parte superior, *ha* (de *hane*, pluma), reproduz duas asas, em traço sintético, facilmente reconhecíveis. A parte inferior, *koromo* (veste, com mutação fênica para *goromo* no termo aglutinado), sugeriria, segundo Vaccari (*Pictorial Chinese-Japanese Characters*), uma pessoa no ato de vestir seus trajes. Explicando o esquematismo com que são evocados os objetos numa cena de nô, Paul Arnold comenta: "O japonês está habituado a um tal exercício de estilização, no qual se inspira sua escrita de base hieroglífica."

A vocalização do nô, acompanhada da percussão de *tsuzumi* (tambor em forma de ampulheta), é extremamente moderna ao ouvido ocidental. O *Sprechgesang* (canto falado) de Arnold Schoenberg, cerca de seis séculos *avant la lettre*... Toshiro Mayuzumi, expoente da música japonesa de vanguarda, tem aproveitado material do teatro nô para suas experiências. Assim, em 1957, no Estúdio de Música Eletrônica da Rádio NHK de Tóquio, realizou uma composição sobre "Aoi-no-Uye", utilizando o material vocal original e substituindo as pontuações de flauta (*fue*) e percussões diversas por sons eletrônicos, empregados "com escrupuloso respeito da tradição". Tive oportunidade de ouvir um fragmento desta sedutora composição no II Concerto de Música Experimental (Concreta/Eletrônica/Exótica), organizado em Paris, em junho de 1959, por Pierre Schaeffer e seu grupo da Rádio-Televisão Francesa.

Montagem

Em 1969, o poeta Paulo Leminski apareceu-me, de Curitiba, com o texto japonês de "Hagoromo". Eu havia conversado (antes disto? ou foi depois?) com Jacques Roubaud, sobre um projeto de tradução paralela – em português e em francês – de uma peça nô, dentro dos critérios de tradução/reinvenção de textos ideográficos, que expus em meus trabalhos sobre poesia japonesa e chinesa (hoje republicados em *A Arte no Horizonte do Provável*). O projeto ainda não foi adiante. Mas apliquei-me, a título de amostra-instigação, a reimaginar em nossa língua o excerto final de "Hagoromo". Mergulhei no texto de lupa e dicionário, procurando captar "empaticamente" os harmônios (acordes) visuais do original e liberá-los em nossa língua. Aqui vai, então, sob forma de montagem, uma comparação entre os resultados obtidos em minha versão "hiperpoundiana" (falo em termos de radicalização do método) e o mesmo trecho nas versões de Fenollosa/Pound e Armando Martins Janeiro.

Fenollosa/Pound (o trecho está composto como prosa – tipografia corrida – em *The Translations of E.P.*):

Semi-Chorus
Many are the joys in the east. She who is the colour-person of the moon takes her middle-night in the sky. She marks her three fives with this dancing, as a shadow of all fulfilments. The circled vows are at full. Give the seven jewels of rain and all of the treasure, you who go from us. After a little time, only a little time, can the mantle be upon the wind that was spread over Matsubara or over Ashitaka the mountain, though the clouds lie in its heaven like a plain awash with sea. Fuji is gone; the great peak of Fuji is blotted out little by little. It melts into the upper mist. In this way she (the Tennin) is lost to sight.

Armando Martins Janeiro:

> Os cabelos de flores coroados
> As mangas do vestido celeste flutuam
> Nos movimentos da dança do Nascente.
> Dançou muitos bailados,
> Nunca vistos bailados do Nascente.
> O nome da Fada celeste é Senhora da Lua.
> Na décima quinta noite
> Atingiu o símbolo da Perfeição
> Irradiando na sua luz
> O esplendor da Sabedoria.
> Os votos estão cumpridos
> E o país solidamente fundado e em paz
> Rico dos Sete Tesouros
> Que por favor da dança sagrada
> Caíram sobre a terra.
> Mas eis que as horas passaram

E o manto de penas flutua,
Primeiro sobre os pinheirais de Miho,
Depois sobre as nuvens das Ilhas Flutuantes,
Sobre o Monte de Ashitaka e sobre o cimo esfumado do Monte Fuji,
Torna-se indistinto
No espaço do céu azul
E da vista se perde.

Haroldo de Campos (a espacialização do texto pretende, por um lado, responder à visualidade da escrita ideogrâmica; por outro, coreografar a dança propiciadora da Tennin – exigida pelo pescador, como "resgate" para a devolução do *hagoromo* –, e a final ascensão da ninfa lunar aos céus, nas asas do "manto de plumas"):

(Comentário de Paul Arnold: "O intérprete de *Hagoromo* não se eleva nos ares, evidentemente. Basta um gesto convencional para que o espectador compreenda sua ascensão.")

Muitos são os jogos do Nascente
Muitos são os júbilos do Nascente

Quem se chama Pessoa do Palácio da Lua
Na décima quinta noite culmina:
Plenilúnio
Plenitude
Perfeição

Cumpriram-se os votos circulares:

Espada e alabarda guardam o país
O tesouro das sete benesses
Chove
Profuso
Na terra

    Passa-se agora o tempo:
    O celeste manto de plumas está no vento

    Sobre o pinheiral de Miho
    Sobre as Ilhas Balouçantes

Sobre o monte Ashitaka
Sobre o pico do Fuji
                    flutua

Excelso
Dissolvido no céu do céu

Esfuma-se na névoa
E a vista o perde

7. DO TEXTO MACARRÔNICO
AO PERMUTACIONAL

Uma antologia lançada em 1961, com o título *I novissimi* e o subtítulo "La voce violenta delia nuovissima poesia italiana", mostrou que alguma coisa de diferente, de insólito mesmo, estava acontecendo no panorama remansoso da atual poesia italiana[1]. Realmente, com Ungaretti recolhido no retiro neoclássico de *La terra promessa* (quem se lembraria do Ungaretti de *Lallegria*, dos brevíssimos poemas, imagens-ilhas soltas ainda no espaço sem fios inaugurado pelo futurismo; quem se recordaria do Ungaretti dos poemas franceses de 1919, dedicados a Apollinaire, Cendrars e Breton, dentre os quais aquele "Perfections du Noir", sob a clara influência do *Coup de dés* mallarmaico?)[2]; com o "hermetismo" metafísico

---

[1] *I novissimi* (poesie per gli anni '60), con un saggio introduttivo e note, a cura di Alfredo Giuliani, Milano: Rusconi e Paulazzi, 1961.
[2] Sobre a retomada da linha revolucionária na poesia do último Ungaretti, ver o meu estudo de 1967, "O Último Ungaretti", republicado como

137

de Montale aspirando, de sua parte, a um conservadorismo ascético (*La bufera e altro,* 1956), à maneira do último Eliot; com os "herméticos" menores, os "diluidores", repetindo-se num poetar já exausto, uma poesia da natureza, "fra madre ed estate", parecia a poesia italiana fechada, oclusa na província de si mesma, sem comércio com a onda de renovação que passava por outros países. Algo como o movimento *beat* norte-americano ou o experimentalismo da jovem poesia de língua alemã, ou ainda, para ficarmos em casa, a poesia concreta brasileira, poderia parecer definitivamente afastado das cogitações de uma literatura poética que estaria talvez demasiadamente apegada ao lastro de uma tradição humanista (entendida antes num sentido acadêmico do que renovador) para se permitir as franquias de uma pesquisa estética mais livre. E, no entanto, o passado recente infirmaria esse raciocínio: pois não foi o futurismo de Marinetti e seus seguidores, o futurismo dos anos de 1910 – cuja importância estética, em todos os campos, começa aos poucos a ser reavaliada – a mola propulsora das vanguardas poéticas deste século, na Europa ou em nosso continente?

Pois bem, insurgindo-se contra o *status quo,* seis poetas, Pagliarani, Giuliani, Sanguineti, Balestrini e Porta, propunham à crítica e ao público uma nova poesia, uma poesia "per gli anni '60". Logo no prefácio, o organizador da antologia, Alfredo Giuliani, falando como porta-voz de seus companheiros, denunciava: "Aquilo que muita poesia destes anos acabou por nos oferecer não é outra coisa senão uma forma de neocrepuscularismo, uma recaída na *realidade madrasta,* da qual se tenta fugir mediante esquemas de um racionalismo parenético e veleitário, com a sociologia, talvez com o carduccianismo." E depois de passar em revista os poetas representados na antologia, concluía:

creio que os poemas aqui coligidos abram mais de um respiradouro, e que seja quase impossível ignorar as experiências e a carga vital

parte de "Ungaretti e a Estética do Fragmento" em *A Arte no Horizonte do Provável,* São Paulo: Perspectiva, 1969.

que nós, cada qual à sua maneira, tentamos introduzir na linguagem. Há aqui, parece-me, algum resultado tangível e um convite a *pensar* e a *dizer*. Toda vez que, na Itália, alguém quer ser contemporâneo, entra em choque com a imaturidade social, com o provincianismo político, com as improvisações e inquietudes que se pretendem soluções, com a mistura perpétua de anarquismo e legitimismo. Não se pode supor que tudo isto não esteja representado em nossa linguagem. Mas se deve pedir *alguma coisa a mais*.

Dos poetas apresentados, os mais decididamente revolucionários, sem dúvida, são Edoardo Sanguineti (1930-2010) e Nanni Balestrini (n. 1935)[3].

Sanguineti desenvolve uma poesia onde se combinam o alogicismo surrealista e a técnica de citações e interpolações linguísticas de Ezra Pound (uma estranha associação, pois E.P. rejeitou o "onirismo" freudiano e se propôs fazer uma poesia regida por "focos de interesse" temáticos bem definidos, que nada teria a ver em princípio com o "automatismo" surrealista, embora na prática a ruptura dos elos sintáticos normais possa oferecer, "prima facie", algo de não totalmente distinguível da escrita automática, sobretudo nos *Pisan Cantos*, comparados por Eugenio Montale a uma sinfonia, "non di parole, ma di frasi in libertà"). Por outro lado, não deixa de ser interessante observar que Pound, tão identificado com a cultura da península, mas cuja obra (a não ser pela mediação de Eliot) não tinha tido um influxo direto sobre a poesia moderna italiana, acabe por atuar na linguagem renovadora de um jovem poeta. E neste campo, a busca de uma tradição poderia nos levar muito mais longe: poder-se-ia falar de uma nova "poesia macarrônica", retomada com intuitos não propriamente satíricos, mas amplamente críticos e por vezes mesmo líricos. Folengo (1491-1544), o Folengo do *Baldus*, seria o antecessor mais remoto do

---

3 No arco dos anos seguintes (e quando escrevo esta nota o grupo dos "Novissimi" já há muito deixou de existir como tal) confirmar-se-ia essa minha primeira impressão. A produção poética de Sanguineti acha-se presentemente reunida em *Catamerone* (1951-1971); a de Balestrini, em duas coletâneas, *Come si agisce* (1963) e *Ma noi facciamone un'altra* (1964-1968).

jovem Sanguineti, na ponta de uma linhagem que chegaria até Pound. A propósito de Teofilo Folengo, diz Otto Maria Carpeaux, traçando um paralelo entre o monge italiano e James Joyce: "Folengo não escreveu o *Baldus* na língua de Dante e do povo, mas tampouco em língua latina, preferida pelos eruditos da Renascença. Preferiu inventar uma língua ou antes criar uma mistura babélica na qual as palavras latinas aparecem grotescamente italianizadas e as palavras italianas munidas dos sufixos da declinação e conjugação latinas."[4] Nesse sentido, é sintomático que os textos de Sanguineti se caracterizem, sobretudo, pela intercorrência de palavras e frases latinas e que seu livro principal se chame *Opus Metricum* (1960), reunindo os poemas de "Laborintus" e "Erotopaegnia" (este último título extraído do grego). Seu hibridismo vocabular e fraseológico não se detém, todavia, na antiguidade clássica: francês, inglês e alemão intervêm em suas composições, dando-lhes um sabor ambíguo, ao mesmo tempo moderno e arcaico. Nessa aura alexandrina, o italiano é corroído, para tanto contribuindo o seu próximo parentesco com o latim, como se a língua morta estivesse fazendo o processo verbal da língua viva, desocultando-lhe constantemente, para efeitos poéticos, os estratos etimológicos velados pela pátina do uso. Poder-se-á argumentar que isto já foi feito em outras literaturas. Mas, de qualquer maneira, os efeitos particulares tirados pelo poeta no âmbito da literatura italiana e através do seu idioma não deixam de ser contundentes. Para a articulação rítmica de seus poemas, que correm em verso livre, o poeta lança mão,

---

4 Ulisses, *Retratos e Leituras,* Rio de Janeiro: Organização Simões, 1953. Em artigo publicado no Suplemento Literário de *O Estado de S.Paulo,* 16 nov. 1963 ("A Via Merulana e o Mundo"), Carpeaux volta a invocar o exemplo de Folengo, desta feita a propósito de Carlo Emilio Gadda, o prosador italiano que a crítica vem comparando a Joyce. A tradição macarrônica, ligada à "saturnália romana" e ao "carnaval italiano", é objeto de um excelente estudo de Vivian Mercier, "James Joyce and the Macaronic Tradition", cf. J.P. Dalton e C. Hart (orgs.), *Twelve and a Tilly* (Essays on the Occasion of the 25th Anniversary of Finnegans Wake), Evanston: North-Western University Press, 1965.

frequentemente, de um recurso que evoca a sintaxe livre dos futuristas: faz intervir, aqui e ali, frases entre parênteses, quebrando o fluxo normal do discurso e estabelecendo um contraponto de ideias. Falou-se, a respeito de seus trabalhos, em "*collage* filológico", em "action poetry", em "poesia informale", e ele próprio afirma que sua poesia denuncia uma "crise del linguaggio" e reclama seus precedentes na evolução paralela da pintura e da música de nossos dias. Uma curiosa contradição, porém, permanece (e não deixa de ser fecunda): querendo superar o "furor decadente" das vanguardas europeias das primeiras décadas do século, e querendo fazê-lo através da própria vanguarda; pretendendo chegar a uma ordem última através do informal e do irracional, e não a partir de um empenho primeiro de construção; propondo-se fazer da vanguarda, por julgá-la "formalista" e "irracionalista" e, ademais, carente de consciência histórica, "un'arte da museo", mas propondo-se fazê-lo através da exponenciação, até as últimas consequências, das contradições da vanguarda assim entendida, Sanguineti sofre os percalços de certo retoricismo aleatório que deu ao surrealismo francês seus triunfos e suas misérias, e acaba, isto sim, elaborando uma espécie idioletal de *vanguarda museológica*. É uma poesia alimentada de protocolos psicanalíticos e ambientada em circunstâncias atuais, na qual todavia intercorrem as linhas não elididas de um palimpsesto antiquíssimo, uma poesia onde o "hoje" emerge entre os detritos arqueológicos de um tempo sepulto. Nela, o caos contemporâneo – o anarquismo e a alienação (e o poeta usa este último termo na acepção marxista) – têm o nome latino de "Palus Putredinis". Foi Thomas Mann, no *Dr. Faustus*, se bem me lembro, quem observou a afinidade que por vezes solidariza a vanguarda e o arcaico, o muito novo e o muito antigo. A poesia de Sanguineti é um exemplo desse aparente paradoxo, nela vivido conscientemente para efeitos críticos[5].

5 Na parte final da antologia aqui comentada, estão incluídos, entre outros, dois depoimentos de Sanguineti sobre sua própria experiência poética: "Poesia informale?" e "Poesia e mitologia".

Já Nanni Balestrini é um temperamento diferente e chega a soluções poéticas acentuadamente diversas. Ruggero Jacobbi, que foi o primeiro a dar notícia no Brasil dos novíssimos italianos[6], escreveu, com propriedade, que na poesia de Balestrini havia uma pesquisa quase concretista de coincidências musicais e silábicas. Realmente, pelo rumo das preocupações que o distinguem, é Balestrini, dentre seus companheiros, o que estaria mais próximo da área de interesses da poesia concreta brasileira. *L'espresso* (10 dez. 1961) noticiou, com grande destaque, seus experimentos de criação de textos com o emprego de um computador eletrônico[7]. O poema "Tape Mark I", resultante, tem uma curiosa aura "surrealista", e foi obtido misturando-se excertos vários: de uma reportagem sobre Hiroxima, de um poema de Paul Goldwin, de Lao-Tsé...[8] Menciono esta atividade de laboratório apenas para ressaltar a feição agudamente contemporânea da personalidade de Balestrini. Em seus poemas não sobrenadam os resíduos daquele humanismo arqueológico que, com sentido de "pastiche" deliberado e de crítica, pontilham o idioma poético de Sanguineti. Com razão lembra Giuliani, a propósito, as montagens de Kurt Schwitters. Como no caso do criador da arte *merz*, a intenção de Balestrini não é preservar os vestígios "nobres" de uma civilização perempta, para pô-los em confronto com um presente menos "ilustre". Trata-se de juntar os humildes fragmentos, aparentemente disparatados, do nosso cotidiano, de projetar uma luz especial, através de arranjos sutis e irônicos,

---

6 A Escola de Milão, *O Estado de S.Paulo*, 5 ago. 1961, Suplemento Literário.

7 A informação e o recorte respectivo me foram fornecidos por Murilo Mendes. Na coletânea *Come si agisce* (1963), incluem-se, entre outras, duas seções: "Poesia concreta" (textos que tiram partido, inclusive, dos recursos de variação tipográfica, organizando-se como verdadeiros minicartazes) e "Poesia elettronica" ("Tape Mark I" e "Tape Mark II").

8 Experiências semelhantes, com base em excertos de *Das Schloss* (O Castelo) de Kafka, foram realizadas no Centro de Cálculos da Escola Politécnica de Stuttgart, por Theo Lutz (cf. Stochastiche Texte, *Augenblick*, n. 1/4 , out.-dez. 1959).

sobre esses aspectos fungíveis da realidade contemporânea que as manchetes de jornais, os anúncios, os pedaços de conversação entreouvidos nos ônibus em movimento etc., nos oferecem. *Il sasso appeso* (algo como *A Pedra Pênsil*), seu livro de estreia (1961), dedicado a Luciano Anceschi – o arguto crítico que anima os novíssimos através da revista *Il verri*, como, outrora, contribuíra para o apogeu dos "herméticos" com sua antologia *Lirici nuovi* (1943) – apresenta uma série de textos fragmentários, identificados por uma letra e um algarismo, cuja ordem de leitura, no interior de cada peça, e na relação entre elas, pode ser alterada ao arbítrio do leitor. É como se tais textos representassem – explica o poeta – "partes de um tabuleiro de xadrez (incompleto), cujas colunas verticais são indicadas por letras e cujas linhas horizontais o são por números". São poemas espaciais, nos quais o campo visual da página, o branco do papel, atua como um elemento sintático-estrutural.

O ideal de Balestrini – comenta Giuliani – é escrever poemas sem uma só palavra ou metáfora sua original: poemas que possam ser usados pelo leitor à medida que ele descubra que os seus significados potenciais tendem ao infinito. A rigor, deve-se dizer que em Balestrini não intervém nenhuma imagem, nenhuma figura: sua única verdadeira metáfora está na disjunção estrutural, no recurso lírico-paródico àquilo que, em neurologia, se chama "alterações qualitativas" da linguagem: parafasias (do tipo "frase destituída de sentido"), *deficit* semântico (incapacidade de manter o fio do discurso).

Apenas, continua o comentador, Balestrini não trata esses elementos como "dados anormais", mas como uma "propriedade natural do material de trabalho", embora não seja descabido apelar analogicamente para uma "instabilidade fisionômica da linguagem cotidiana", cujo registro poético lhe interessaria. Se o ideal dos novíssimos, como o formula Giuliani, é: "antes de olhar para a ideologia abstrata, para as intenções culturais, visar à semântica concreta da poesia", poderemos dizer que, de todos eles, o que mais parece aproximar-se dessa meta é Balestrini. Quer ele fazer, e o professa ("Linguaggio e opposizione", 1960, texto crítico incluído na antologia que estou examinando), uma poesia que se *oponha* eficazmente "à contínua sedimentação que tem como cúmplice a inércia da linguagem".

Os demais figurantes da coletânea *I novissimi*, todos revelando um sentido comum de inquietação, mostram-se, não obstante, mais presos à tradição imediata, à poesia da "generazione ermetica". Alfredo Giuliani (1924-2007), que se revela um competente e informado crítico no prefácio-apresentação do grupo, volta-se, ele próprio, para uma poesia que seja uma "biografia da consciência", uma poesia até certo ponto "metafísica", e que – por isso mesmo, talvez – não deixa de carrear acentos da logopeia montaliana, por exemplo. Seu livro de 1955 intitula-se *Il cuore zoppo* (O Coração Coxo). Na antologia, encontram-se poemas, entre os quais "Prosa", dedicado a Balestrini, no qual o poeta aplica a técnica da montagem de fragmentos no interior de um discurso cuja integridade só é preservada na aparência. Este, e os poemas-*collages*, feitos de frases recortadas de jornais e revistas e espacialmente distribuídas, de que há dois exemplos na *Antologia del Possible* (1962), organizada por Gastone Novelli para o editor milanês Scheiwiller, já apontam para uma superação das convenções e dos limites do verso[9]. Antonio Porta (1935-1989), que postula uma poesia obje-

---

9 André Breton, nos "Secrets de l'art magique surréaliste", adendo ao seu "Premier manifeste" (1924), escrevia: "Il est même permis d'intituler POÈME ce qu'on obtient par l'assemblage aussi gratuit que possible (observons, si vous voulez, la syntaxe) de titres et de fragments de titres découpés dans les journaux" (ver os exemplos em *Les Manifestes du surréalisme*, Paris: Le Sagittaire, 1955). As "assemblagens" de Giuliani parecem guardar essa inspiração. Em *Il tautofono* (1966-1969), Giuliani radicaliza sua poesia: "*Il tautofono* é um teste psicológico, o equivalente auditivo das manchas de Rorschach: o paciente escuta um disco que põe em destaque simulacros de frases, sons similares a sequências de palavras, mas que não possuem nenhuma conotação semântica [...] Interpretando o oráculo, deciframo-nos a nós mesmos: o tautófone é o rumor que faz a nossa música." Pela explanação do próprio poeta, vê-se que ele também se debruça sobre aquelas "alterações qualitativas" da linguagem, em cujo registro vislumbrara antes o ideal poético de seu companheiro Balestrini.

tiva, uma "poética dos objetos", "la poesia *in re,* non ante *rem*", procura romper a andadura compulsória do discurso através de uma virgulação insistente, que o corta e recorta, criando um ritmo escandido, uma dicção *staccato*. Isto no seu trabalho mais ousado, o poema "Aprire", que, por voluntária coincidência, fecha o volume. Um certo pendor para a perquirição fenomenológica do objeto ("La palpebra rovesciata" / A Pálpebra Reversa, "In re") é outro aspecto positivo de sua poesia, que não escapa também de pagar tributo à linguagem poética estatuída pelos "herméticos". Elio Pagliarani (1927-2012) é talvez o menos interessante, pelo menos para o leitor estrangeiro. Sua "poesia narrativa" ("La ragazza Carla", 1960), tentativa de um *epos* contemporâneo, a partir do cotidiano, está demasiadamente presa à matriz eliotiana de "The Waste Land", que os próprios poetas de língua inglesa (e de outras línguas) se encarregaram já de explorar até quase o esgotamento, para que possa oferecer alguma novidade.

Mas o elenco da novíssima "Escola de Milão", como a chama Ruggero Jaccobi, não encerra todo o panorama da renovação que fermenta na poesia italiana. Outras vozes se fazem ouvir, que merecem um comentário à parte.

Assim, Carlo Belloli, poeta concreto que representou a Itália na antologia internacional organizada por Eugen Gomringer ("Kleine Anthologie Konkreter Poesie", revista *Spirale,* n. 8, Berna, 1960). Belloli publicou em 1960, também pelo jovem e dinâmico editor Scheiwiller, os seus *Stenogrammi della geometria elementare*, com "luciestruturas" de Roger Humbert, um volume de magnífica apresentação gráfica. Trata-se de uma série de poemas bastante despojados, de temática inspirada nas artes visuais (Belloli é casado com a escultora brasileira Mary Vieira, ex-aluna de Max Bill), onde se conjugam o espírito de contenção da poesia concreta e um humor nitidamente futurista. Aliás, Carlo Belloli é um dos promotores da reavaliação crítica do acervo do movimento futurista. A poesia de Belloli não deixa de sugerir em certa medida, pela conjunção de fatores acima apontada, aquilo que, no campo das artes visuais, vem fazendo o pintor, escultor, gráfico e "designer" milanês Bruno Munari.

Em Roma, por seu turno, editando a revista EX (1963), também de avançado aspecto gráfico, dois outros poetas contribuem com destaque para o prestígio renascente da linha experimental na poesia italiana: Emilio Villa e Mario Diacono. Villa, de mais idade e bastante viajado (esteve no Brasil em 1951), lançou em 1962 seu livro *Heurarium*, composto de poemas predominantemente escritos em francês (há, inclusive, dois trabalhos em português). Seu traço principal é um surrealismo agressivo, à Artaud, enriquecido e complicado pelo poliglotismo e pela composição de palavras à Joyce[10]. Quem, porém, acentua ainda mais essa vertente é o jovem Diacono, secretário de Ungaretti, e que, ligado a Villa por evidentes afinidades intelectuais, pratica sistematicamente a telescopagem joyciana e o multilinguismo. O título de seu livro de estreia – *Denomisegninatura* (1962) – já é programático, aglutinando as seguintes palavras: *denominazione* (denominação), *nomi* (nomes), *segni* (signos), *segnatura* (marca, sinal), *de natura* (como em *De natura rerum*). Diacono define a sua posição poética, e por extensão a de EX, como tentativa de "instituir uma linguagem poética não nova, mas simplesmente não mensurável com aquela outra, efusiva, do discurso cotidiano; em suma, uma linguagem puramente emblemática e *sígnica*". Não aceita o termo "pesquisas" para seus poemas, pois entende que se trata não de "pesquisas", mas de "ações" poéticas. Se quisermos fazer uma aproximação com a nova poesia brasileira, poderemos dizer que os textos de Diacono oferecem alguns pontos de contacto com a série *Stèles pour vivre* (I-II, 1955; III, 1962) de Décio Pignatari. Só que nas "estelas" do poeta brasileiro o empenho construtivo é evi-

---

10 Não esquecer que, em 1940, foi publicada na revista romana *Prospettive* uma versão italiana de alguns fragmentos do *Finnegans Wake*, trabalho de Nino Frank e Ettore Setani, no qual colaborou o próprio Joyce. Essa versão foi republicada em opúsculo (Veneza: Edizioni del Cavallino, 1955).

dente, impondo-se, através dos vários recursos estruturais convocados, aos elementos fornecidos pela intuição sensível, enquanto que, no caso do jovem italiano, o campo deixado disponível aos dados do inconsciente, não remidos pela estrutura, é demasiado grande, resvalando assim para a amorfia.

Importa-me finalmente observar, ao cabo deste rápido balanço de nomes e tendências, que o processo revolucionário na poesia nova não é um fenômeno isolado, circunscrito a um dado país, mas vem-se desencadeando nas principais literaturas mundiais. Averiguação que talvez não redunde em conforto para os requisitórios sobranceiros de certa crítica paroquial.

8. UMA ARQUITEXTURA DO BARROCO

Excurso

Este percurso do barroco é uma pérgula debuxada ao longo da história e que a recolhe numa figura circular, espiralada, não como sucessão linear de eventos, mas como tropismo de formas que se entre-espelham.

Começa em Alexandria, com Lícofron, poeta do século III a.C., autor de obras perdidas e de *Alexandra,* "to skoteinón póiema", o poema obscuro, cuja protagonista é Cassandra, a vidente que profetiza a queda de Troia. Tido pelos estudiosos modernos como um precursor de Gôngora e de Mallarmé, por seu hermetismo, e de Joyce, por sua sintaxe bizarra, pelo uso de palavras raras, dialetais ou colhidas em outros idiomas (cf., p. ex., R. Brasillach, *Anthologie de la poésie grecque*), o fato é que Lícofron, em seu poema, usa de um verdadeiro processo metalinguístico de construção do texto. O monólogo de Alexandra (Cassandra) é enigmático em vários níveis: primeiro, por ser a fala oracular de uma pitonisa tida como louca; segundo, pelo fato de que é reportado por um intermediário, o guarda da prisão onde ela se encontra encerrada, e que transmite ao rei, de memória, a fala da prisioneira; terceiro, por ser a transposição fragmentária de um discurso já por natureza interrompido e estilhaçado. Trata-se, pois, de uma *intratextualidade* exasperada, onde o enigma interroga o enigma. Apresento aqui três fragmentos do poema ("Prólogo", "Fala de Alexandra", "Rapto de Helena"). Note-se que, no primeiro deles (o prólogo do guarda dirigido ao rei), o discurso autodescreve o seu próprio curso oblíquo. No segundo, surge uma das típicas e complexas metáforas de Lícofron: os navios, com seus remos que batem o mar, são comparados a escolopendras ou centopeias (*ioulópedzos,os,on*: com pés de escolopendra, vale dizer, remos). No terceiro, o processo metafórico-alusivo se adensa ainda mais: a tocha alada, por exemplo, é Páris, pois a mãe deste, Hécuba, sonhara que engendraria uma tocha que haveria de pôr fogo no mundo. Helena é evocada por meio de um jogo de epítetos contrastantes que produzem o efeito de um oximoro: "columba tímida" e "punível cadela de Pefnos". Na tradução, procurei manter o clima de estranheza e o ambiente vocabular raro e solene. Assim, por exemplo, traduzi por "columba tímida" o termo grego *tréron,onos*, que significa "medroso", "tímido" e, ao mesmo tempo, por extensão, "pomba". *Pefnaias kynós* pode ser vertido simplesmente por "cadela de Pefnos", valendo este último termo como um topônimo. Mas esta palavra significa também, em Lícofron, segundo Bailly, "que merece a morte", donde o "punível" da tradução, que recobre a camada conotativa do original. Devo registrar que, na versão dos textos de Lícofron, contei com a valiosa colaboração de Francisco Achcar.

Li Shang-Yin (?812-858) é um poeta da Dinastia T'ang tardia. James Y. Liu, em *The Art of Chinese Poetry*, compara-o a Mallarmé, por sua linguagem oblíqua e alusiva (para James Liu, que é um "scholar" de gosto acadêmico, Mallarmé é um "poeta menor", cuja poesia lida com palavras e não com a vida…). O poema que aqui traduzo, dado por "notoriamente obscuro", é objeto de um comentário minucioso de parte de J.Y. Liu, que elucida os seus vários níveis, no plano ideogrâmico e também no sonoro (este, nesta composição, revela-se particularmente importante). No primeiro verso, o adjetivo "difícil" é usado em dois sentidos: exprime a dificuldade material de os dois enamorados se encontrarem e aquela outra, ainda maior, de se separarem, uma vez conseguido o encontro. No segundo verso, há uma alusão à quadra do ano e, ainda, uma imagem através da qual o poeta exprime a sua incapacidade de deter o curso dos acontecimentos. A seguir, o belíssimo terceiro verso, que tira partido das homofonias existentes, no original, entre a palavra "morte" e a palavra "fio de seda", ambas pronunciadas como *ssu* (*si* em chinês antigo), embora em tonalidades diferentes. Na tradução, procurei captar o efeito com o jogo paronomástico entre "seda" e "se obsedam". "Fio" é o produto do "bicho-da-seda" e também o próprio "fio" da vida; na convenção poética chinesa (regida pelo "artifício da alusão textual, da citação velada", cf. D. Lattimore), tanto a ideia de "amor imperecível" como a de "infinita tristeza" se associam nesse verso. Na quarta linha, há um efeito em torno de "cinzas" (*huei*): este mesmo ideograma, associado ao de "coração", lê-se *huei-hsin*, com o sentido cumulativo de "desespero". Isto explica a justaposição direta de "coração e cinzas", na tradução, prolongando com uma imagem concreta a comparação entre a lâmpada (vela) que se extingue e lágrimas que correm[1]. Os dois últimos versos, antes do dístico final, têm o cunho de *carpe diem*: o poeta imagina a amada em solidão, temendo pela fugacidade de sua estéril beleza diante do espelho e à luz da lua. Há aqui uma alu-

---

[1] Curiosamente, James Y. Liu (cujo livro, embora utilíssimo, reflete a cada passo as limitações interpretativas de um gosto poético ultrapassado) considera o aspecto visual do ideograma um mero "prazer estético adicional", sem se dar conta do mecanismo peculiar da "função poética" (como um analista ocidental, que minimizasse os jogos "anagramáticos" vislumbrados por Saussure).

são a um outro poema de Li Shang-Yin, escrito para uma religiosa taoísta, no qual o poeta se refere à lenda da rainha Chang O, que roubara o elixir da imortalidade e fugira para a lua, onde vivia em perpétua solitude, punida por seu próprio delito. No dístico ou "envoi", menções ao monte P'eng, morada dos imortais, e ao pássaro azul, mensageiro celeste na simbólica taoísta. Reproduzo abaixo o original chinês, seguido de uma transcrição fônica e de uma tradução literal (interlinear) por J.Y. Liu:

無題

相東春蠟曉夜蓬青
兒風鸞炬鏡哈山鳥
時無到成但應此殷
別力死灰愁覺去勤
亦花方始鬢光多探
難殘盡乾改寒路看

Wu T'i
No Title

Hsiang chien shih nan pieh yi nan
Mutual see time hard part also hard
Tung feng wu li pai hua ts'an
East wind no power hundred flowers wither
Ch'un ts'an tao ssŭ ssŭ fang chin
Spring silkworm reach death silk only end
La chü ch'eng huei lei shih kan
Wax torch become ashes tears only dry
Hsiao ching tan ch'ou yun pin kai
Morning mirror but grieve cloudy hair change
Yeh yin ying chüeh yueh kuang han
Night recite should feel moon light cold
P'eng-shan tz'ŭ ch'ü wu to lu
P'eng Mountain here from not much way
Ch'ing-niao yin-ch'in wei t'an k'an
Blue Bird diligently for enquire see

De Góngora – Don Luis de Góngora y Argote (1561-1627) –, o mais moderno, talvez, de todos os poetas de língua espanhola, escolhi um famoso fragmento de "Polifemo y Galatea", da especial predileção de Ungaretti, que o verteu para o italiano. A salamandra, segundo a crença antiga, podia atravessar o fogo sem se queimar. O "Can del cielo" é a constelação do Cão, vestida de suas estrelas (ou melhor, "vestido estrellas", pois o poeta usa um acusativo grego de coisa vestida, cultismo sintático típico). Como a salamandra, o "Cão celeste" resiste ao abrasamento solar nos "dias caniculares". Ácis, amado por Galateia, é o jovem pastor que Polifemo, enciumado, acaba esmagando sob uma rocha. A cena deste fragmento, descrita com recarga de tropos, apresenta simplesmente Acis que se dessedenta à beira do arroio (o "sonoro cristal"), enquanto espreita o corpo luminosamente branco da ninfa adormecida (o "cristal mudo"). É o característico processo gongorino de metaforização do real e do banal, tão bem estudado por Dámaso Alonso.

Mallarmé. O célebre soneto em "ix", objeto de uma percuciente análise estrutural de Octavio Paz[2]. Trata-se de uma das peças fundamentais do poeta, indispensável para a compreensão de seu poema final, o "Lance de Dados". O "séptuor de cintilações", que fecha o soneto, é a constelação da Ursa Maior, que fulge também, "fria de olvido e dessuetude", na última página daquela epopeia cosmológica dos novos tempos. Augusto de Campos, que recriou o soneto em português, enfrentou-o palmo a palmo em suas dificuldades, sem lhe ceder terreno[3].

Sousândrade. Dois trechos do *Novo Éden* (1893), poemeto labiríntico, perpassado de laivos barroquistas. Heleura, a musa do Novo Éden (República paradisíaca da utopia sousandradina), é vista num delírio de febre. Notar

---

2 Stéphane Mallarmé: O Soneto em ix, *Signos em Rotação*, São Paulo: Perspectiva, 1972, p. 185.
3 Augusto de Campos, *Mallarmargem*, Rio de Janeiro: Noa Noa, 1970 (primorosa edição manual de Cleber Teixeira). Republicado em A. de Campos; D. Pignatari; H. de Campos, *Mallarmé*, São Paulo: Perspectiva, 1974.

a aclimatação ao vernáculo da "metáfora fixa" de Homero para a Aurora (*rododáctila*: de dedos cor-de-rosa, ou *dedirrósea*, como queria Odorico Mendes, o "pai rococó", a quem Sousândrade presta tributo). Também aqui aparece uma constelação, a dos Cisnes (*Cygni*).

De Lezama Lima (1910-1976), patriarca *habanero*, autor de *Paradiso* (1966), traduzi um poema que apareceu pela primeira vez na antologia *Órbita de Lezama Lima*, também de 1966. *Paradiso* é um dos momentos mais altos da prosa latino-americana atual, cuja linha de frente de invenção está ainda por ser descoberta entre nós (e só o será depois que baixar a poeira dos Gabriel Garcia Márquez de consumo). A "Prova do Jade" parece extraída da matéria-prima do *Paradiso*: uma divagação lírico-metafísica de José Cemi ou uma parábola misteriosa de Opiano Licario, fechando-se em si mesma, imprevista, súbita, como uma estatueta chinesa num oratório crioulo.

Finalmente, o poema de Décio Pignatari, fase verso, 1952[4]. Eni, entre o castelo e o cáctus. Um dos mais espetaculares lances de competência logopaica (*logopeia*: a dança do intelecto entre as palavras, – Ezra Pound) da moderna poesia de língua portuguesa.

---

[4] Para a consideração de certos aspectos da própria poesia concreta brasileira do ângulo de um "neobarroquismo", reporto-me ao que escrevi em A Obra de Arte Aberta [1955], *Teoria da Poesia Concreta*, São Paulo: Edições Invenção, 1965; ver ainda: A Poesia Concreta e a Realidade Nacional, *Tendência*, 4, Belo Horizonte, 1962.

Currículo

Lícofron: Fragmentos de "Alexandra"

Do Prólogo

Contarei sem torcer tudo o que me perguntas,
tudo, desde o cume do começo.
Perdoa-me, porém, se o discurso delonga.
Não tranquila como antes, a moça desta vez
deslindava a boca fluida dos oráculos,
lançando da garganta laurívora um confuso
clamor desmesurado;
flameava os vaticínios
repetindo fiel a voz da Esfinge escura.
Aquilo que eu retenho na alma e na memória
escuta, ó Rei, e repassando-o
no íntimo, sábio,
persegue os lances difíceis de dizer
de seu novelo de enigmas.
Discerne a trilha clara por onde, reta rota,
chegar às coisas trevosas.

Agora eu, rompendo o nastro, linde extremo,
alço-me ao giro das palavras oblíquas,
alado corredor que abala o marco da partida.

Da Fala de Alexandra

Aurora sobre as pontas escarpadas do Fégio
pairava apenas, alas rápidas de Pégaso,
deixando teu irmão, Titono, meio-sangue,
no leito junto a Cerne.
E os marinheiros desprendiam dos calhaus cavados
as plácidas amarras
e soltavam as âncoras da terra.
Escolopendras de cambiante cor cegonha
as filhas de Falacra, bela-vista,
batiam com seus remos de espátula
o mar, assassino de virgens,
mostrando para além das Calidnas
plumas brancas, popas, e as velas – braços tensos –
sopradas do fogoso vento norte.
Báquica,
abrindo a boca insuflada pelos deuses,
ali, no extremo píncaro do Ates,
repouso da erradia novilha-fundadora,
Alexandra começou pelas palavras do princípio:

Rapto de Helena

Vejo a tocha de plumas acorrendo,
alada, ao rapto da pomba –
columba tímida, punível cadela de Pefnos.
(O cisne singrador, falcão das águas, engendrou-a
na recâmara curva de uma
concha).

Li Shang-Yin: sem título

Vê-la é difícil. Não vê-la, mais difícil.

Que pode o vento este contra as flores cadentes?

Bichos-da-seda se obsedam até a morte com seu fio.

A lâmpada se extingue em lágrimas: coração e cinzas.

No espelho, seu temor: o toucado de nuvem.

À noite, seu tremor: os friúmes da lua.

    Não é longe, daqui ao Monte P'eng:

    Aveazul, olho-azougue, fala-lhe de mim.

Gongora: Da Fábula de Polifemo e Galateia

Salamandra do Sol, vestido estrelas,
latindo o Cão celeste estava, quando
poeira o cabelo, úmidas centelhas,
se não ardentes pérolas suando –
chegou Ácis, e de ambas luzes belas
doce ocidente vendo ao sonho brando,
sua boca deu, e os olhos, deu-os, tudo
ao sonoro cristal, ao cristal mudo.

Mallarmé: O Soneto em Ix

Puras unhas no alto ar dedicando seus ônix,
A Angústia, sol nadir, sustém, lampadifária,
Tais sonhos vesperais queimados pela Fênix
Que não recolhe, ao fim, de ânfora cinerária

Sobre aras, no salão vazio: nenhum ptyx,
Falido bibelô de inanição sonora
(Que o Mestre foi haurir outros prantos no Styx
Com esse único ser de que o Nada se honora).

Mas junto à gelosia, ao norte vaga, um ouro
Agoniza talvez segundo o adorno, faísca
De licornes, coices de fogo ante o tesouro,

Ela, defunta nua num espelho embora,
Que no olvido cabal do retângulo fixa
De outras cintilações o séptuor sem demora.

Sousândrade: Fragmentos de "Heleura" (Do Novo Éden)

                 ... Heleura
Mirou-se toda: uma áspide a mordera,
Ela o sentiu; fugiu para o aposento
Alcatifado de cravina e de ouro
E onde sonhos levianos não entravam,
Cheiro sentindo de jacintos, vendo
Lábios-luz, verdejantes laranjeiras
Flores-noivas grinaldas agitando
Sobre um abismo venturoso, em vagas
Como espelhos levando-a, combanidas,
À cristalina limpidez, reférvida
A epiderme num fósfor' luminoso –
Triângulos! triângulos! Semíramis!
A alvura e o sentimento! anéis da trança,
Quando as faces beijavam-lhe, incendiam.

                 ... Porém, já prontinha
Co'as alvoradas estava Heleura, vendo:
Alta amarela estrela brilhantíssima;
Cadentes sul-meteoros luminosos
Do mais divino pó de luz; véus ópalos
Abrindo ao oriente a homérea rododáctila
Aurora! e ao cristalino firmamento
Cygni – esse par de sóis unidos sempre,
Invisíveis; e que ela via claros
Dadas mãos, em suas órbitas eternas
Qual num lago ideal as belas asas
Por essa imensidade...

Lezama Lima: A Prova do Jade

Quando cheguei à subdividida casa
onde tanto poderia encontrar o falso

relógio de Potsdam os dias de visita
do enxadrista Von Palem, ou o periquito
de porcelana da Saxônia, favorito de Maria Antonieta.
Estava ali também, em sua caixa de pelúcia
negra e de algodão envolto em tafetá branco,
a pequena deusa de jade, com um grande ramo
que passava de uma para a outra mão mais fria.
Ascendi-a até a luz, era o antigo
raio de lua cristalizado, o gracioso bastão
com que os imperadores chins juravam o trono,
e dividiam o bastão em duas partes e a sucessão
milenária seguia subdividindo e sempre ficava o jade
para jurar, para dividir em duas partes,
para o ying e para o yang.
Mas o provador, ocioso de metais e de jarras,
me disse com sua cara rápida de coelho cor caramelo:
apoie-a na face, o jade sempre frio.
Senti que o jade era o interruptor,
o interposto entre o pascaliano *entre-deux,*
o que suspende a afluência claroescura,
a espada para a luminosidade espelhante,
a sílaba detida entre o rio que impulsa
e o espelho que detém.
Dá prova de sua validez pelo frio,
isca para o coelho úmido.

Todas as joias na lâmina do escudo:
matinal o coelho oscilando
seus bigodes sobre uma espiga de milho.
Que começos, que ouros, que trifólios,
o coelho, a rainha do jade, o frio que interrompe.
Mas o jade é também um carbúnculo entre o rio e o espelho,
uma prisão de água onde se espreguiça
o pássaro fogueira, desfazendo o fogo em gotas.
As gotas como peras, imensas máscaras
às quais o fogo ditou as escamas de sua soberania.
As máscaras feitas realezas pelas entranhas
que lhes ensinaram como o caracol
a extrair a cor da terra.
E a frieza do jade sobre as faces,
para proclamar sua realeza, seu peso verdadeiro,
seu rastro congelado entre o rio e o espelho.

159

Provar sua realidade pelo frio,
a graça de sua janela pela ausência,
e a rainha verdadeira, a prova do jade,
pela fuga da geada
em um breve trenó que traça letras
sobre o ninho das faces.
Fechamos os olhos, a neve voa.

Décio Pignatari: Eni

Move-se a brisa ao sol final, e no jardim confronta
a púrpura com luz e a turva bifrenária – um gesto de
azinhavre. Eni abre o portão, manchas solares
confabulam (esvai-se o verão). Seus olhos
suspeitam, temem o susto das mudanças
incríveis, repelem o jardim bifronte ao sopro do
crepúsculo. De verde amargo e quinas de ferrugem,
um cáctus castelar, optando contra
a sombra rasa, num escrutínio de esgares, soergue
entre os cílios de Eni, por um instante, um rútilo
solar, em marcha com suas nuvens noivas!
E ela depõe, aos pés de ocre do castelo,
as pálpebras, aos poucos liquefeitas
ouro – um malentendimento de ternura
na tarde decadente, cáctus.

9. RUPTURA DOS GÊNEROS NA LITERATURA LATINO-AMERICANA

Crise da Normatividade

A tendência à estrita delimitação literária dos gêneros, à precisa elaboração de um *cânon dos gêneros,* é um corolário natural da concepção reguladora e normativa da linguagem característica do classicismo. Devemos ao estruturalista tcheco Jan Mukarovsky um estudo muito acurado desse problema, sob o título *A Estética da Linguagem*[1].

Um período durante o qual a tendência à regulamentação estética da linguagem atinge o seu ápice é geralmente chamado clássico,

---

1 The Esthetics of Language, em Paul. L. Garvin (org.), *A Prague School Reader on Esthetics, Literary Structure and Style*, Washington: Georgetown University, 1964.

sendo que a essa tendência em si mesma se denomina Classicismo [...] O Classicismo, a culminação da perfeição estética da linguagem, procura atingir a mais estrita obrigatoriedade e a maior generalidade da norma.

Na linha das famosas *Teses de 1929*, do Círculo Linguístico de Praga, de que Mukarovsky, como é sabido, foi um dos fundadores, distingue ele, linguisticamente, várias formas funcionais, tais como a linguagem intelectual e a emocional, a linguagem-padrão *(standard)* e a conversacional, a linguagem escrita e a falada etc. Cada uma dessas formas, acrescenta, tem sua própria regularidade e as normas estéticas são diferentes para cada "dialeto funcional". A norma desempenha assim, nas palavras do teórico tcheco (que está fazendo, advirta-se, tão somente uma descrição e não uma apreciação valorativa do fenômeno), o papel de uma verdadeira história da "pureza" de uma dada forma de linguagem ou da linguagem em geral. O classicismo, por definição, é propenso à exata delimitação dos vários dialetos funcionais. Mukarovsky refere a opinião de Buffon, no "Discours sur le style", segundo a qual "aqueles que escrevem como falam, escrevem pobremente, embora possam estar falando bem". A teoria canônica dos gêneros nada mais é, então, do que a projeção dessa atitude na literatura, uma vez que "cada gênero literário representa também um certo ramo funcional da linguagem".

Nossa época tem assistido, justamente, ao reverso da medalha e à dissolução vertiginosa do estatuto dos gêneros, assim como de sua compartimentação linguística. O romantismo constituiu, nesse sentido, uma revolução contra o caráter predominantemente proibitivo das normas estéticas clássicas e se manifestou sobretudo – sempre segundo Mukarovsky, que focaliza em especial o exemplo francês –, no campo do léxico, onde vigia a discriminação entre palavras nobres *(nobles)* e baixas *(bas)*, sendo estas últimas excluídas da linguagem padrão. Contra essa segregação das palavras em "castas", rebelou-se Victor Hugo, fazendo-se porta-voz das reinvindicações românticas, no poema "Réponse à un acte d'accusation", no qual o poeta proclama ter colocado *un bonnet rouge* no velho dicionário.

A obsolescência da ideia de gêneros levou à sua rejeição pura e simples na estética de Croce, que a julgava indefensável diante da singularidade de toda obra de arte. Essa posição radical foi, evidentemente, dessacralizadora, mas não resolveu o problema em termos científicos, apenas rompeu um nó górdio, como observa um estudioso recente do problema, Hans-Robert Jauss[2]. Para Jauss, com a perempção da ideia da universalidade normativa do cânon dos gêneros, fica de pé a questão da necessidade da constituição de uma história estrutural dos gêneros literários. Mas aqui o gênero é despojado de seus atributos normativos e mesmo de suas prerrogativas classificatórias, para ser reformulado em termos de um simples "horizonte de expectativa", que nos permite avaliar a novidade e a originalidade da obra, perfilando-a de encontro a uma tradição, a uma série histórica e às regras do jogo nela prevalentes. Este novo conceito não exprime outra coisa senão a constatação de uma determinada continuidade na manifestação histórica de um grupo ou família de obras, sem a tirania de uma hierarquia de gêneros limitados em número e insuscetíveis de mistura, cuja "pureza" seria avalizada por modelos vetustos. A relação do texto singular com a série de textos que constituem o gênero aparece, na concepção de Jauss, como um processo de criação e de modificação contínua de um "horizonte de expectativa", e a "mistura dos gêneros", que, na teoria clássica, seria o correlato negativo dos "gêneros puros", transforma-se desse modo numa categoria metodicamente produtiva.

Superada a rígida tipologia intemporal, com propensões absolutistas e prescritivas, a teoria dos gêneros passa assim, na poética moderna, a constituir um

---

[2] Littérature médiévale et théorie des genres, *Poétique*, Paris, n. 1, mar. 1970.

instrumento operacional, descritivo, dotado de relatividade histórica, e que não tem por escopo impor limites às livres manifestações da produção textual em suas inovações e variantes combinatórias. E onde se dissolve a ideia de gênero como categoria impositiva, se relativiza também, concomitantemente, a noção de uma linguagem que lhe seria exclusiva, que lhe serviria de atributo distintivo.

Mas as reflexões teóricas que hoje podemos fazer, munidos de novas perspectivas, sobre a teoria dos gêneros, outra coisa não representam senão o aspecto metalinguístico de uma revolução que se processou longamente no campo da linguagem da literatura, na sua práxis por assim dizer. Já falamos da contestação romântica aos interditos proibitórios do classicismo. Dentro mesmo do romantismo poderemos distinguir, porém, com vistas à modernidade, entre aqueles românticos que chamaremos "extrínsecos" (Lamartine, Vigny, Musset, Hugo, por exemplo) e os "intrínsecos" (a linha que vai de Novalis a Poe, que na França dá um Nerval e chega, via Baudelaire, ao simbolismo e à poesia moderna). Estes últimos, muito mais do que os primeiros, fizeram da estética de sua poesia uma estética de ruptura e conseguiram levar o seu dissídio com o código de possíveis da retórica clássica, com o decoro e o purismo clássicos, à materialidade mesma de sua linguagem (à *função poética* ou *configuradora* da linguagem, àquela que se volta para o aspecto material dos signos linguísticos em si mesmos, como ensina Roman Jakobson). Victor Hugo, por exemplo – o mesmo Hugo que nos daria depois sua face mais atual com *La Légende des siècles*, livro de 1859 já afetado pela revolução baudelairiana –, no poema citado por Mukarovsky como característico da rebeldia romântica face às discriminações léxicas da convenção clássica (o já citado "Réponse a un acte d'accusation", de 1834), faz a sua profissão de fé libertária e igualitária em tom paradoxalmente solene e oratório, em versos que estão profundamente marcados pelo "nobre" modelo raciniano que o poeta pretende impugnar:

> J'ai dit aux mots: Soyez républicain! soyez
> La fourmilière immense, et travaillez! croyez,
> Aimez, vivez! – J'ai mis tout en branle, et, morose,
> Fai jeté le vers noble aux chiens noirs de la prose.
> ....
> Tous le mots à présent planent dans la clarté.
> Les écrivains ont mis la langue en liberté.

Como já observou o crítico norte-americano Edmund Wilson em seu estudo sobre o simbolismo[3], a poesia moderna acaba sendo, em grande medida, uma resultante da contribuição prenunciadora de alguns românticos que, de certa maneira, levaram o romantismo muito mais além do que jamais o fizeram Chateaubriand ou Musset, ou do que Wordsworth e Byron, e que se tornaram os primeiros precursores do simbolismo e, mais tarde, foram colocados entre os seus santos.

Foi necessária, inclusive, uma intervenção crítica reavaliadora e retificadora para que alguns dos mais importantes dentre esses românticos que chamamos "intrínsecos" (Novalis, Hölderlin, Nerval, o próprio Poe) viessem a ocupar o lugar que hoje têm para a História Literária. É tão grande a importância dessa intervenção revisora que, para Roman Jakobson, ela constitui um dos capítulos essenciais dos estudos literários sincrônicos, a partir dos quais se poderia pensar numa História Estrutural da Literatura, erigida como uma superestrutura sobre uma série de descrições sincrônicas sucessivas, que levem em conta não apenas a produção de um determinado período, mas também a parte da tradição literária que permaneceu válida ou foi revivescida no período em questão. É o agudo senso de uma operação sincrônica dessa natureza que se pode vislumbrar nas seguintes palavras de Jorge Luis Borges: "el Tiempo acaba por editar antologías admirables [...] nueve o diez páginas de Coleridge borran la gloriosa obra de Byron (y el resto de la obra de Coleridge)."[4]

---

3 *Axel's Castle*. New York: Charles Scribner's, 1931.
4 Prólogo, *Nueva Antología Personal*, Buenos Aires: Emecé, 1968.

Mass-Media: Sua Influência

Um dos pontos cruciais no processo de dissolução da pureza dos gêneros e de seu exclusivismo linguístico foi a incorporação, à poesia, de elementos da linguagem prosaica e conversacional, não apenas no campo do léxico, frisado em especial por Mukarovsky, mas também no que respeita aos giros sintáticos. Daí, a partir de premissas que podem ser rastreadas, por exemplo, num Heine, num Gautier e mesmo em certo Musset irônico (muito mais atual que o propugnador da "poesia-soluço", que classificamos entre os românticos "extrínsecos"), se desenvolve a linha "coloquial-irônica" do simbolismo (assim denominada por Edmund Wilson), de um Corbière e de um Laforgue, que contemporaneamente informa a "logopeia" de um Eliot e de um Pound.

Linguisticamente, este problema pode talvez ser visto como um conflito no âmbito daquilo que os estruturalistas praguenses, nas *Teses de 1929*[5], chamavam "modos de manifestações linguísticas", isto é, a "manifestação oral" e a "manifestação escrita" e, em segundo lugar, a "linguagem alternativa com interrupções" e a "linguagem monologada contínua". A determinação e a mensuração da associação desses modos com as funções da linguagem, vale dizer, com os vários dialetos funcionais, é a questão que se propõem, neste passo, os subscritores das *Teses*. Focalizando especificamente a "linguagem literária", observam os linguistas do Círculo de Praga que os traços característicos dela são representados sobretudo na linguagem contínua e em particular nas redações escritas. A linguagem literária falada é menos afastada da linguagem popular, embora conserve limites nítidos em relação a esta última. A linguagem contínua (em discursos públicos, conferências etc.) já se mantém mais distanciada. Aquela que mais se aproxima da linguagem popular, é a linguagem alternativa e descontínua

---

5 *Le Tesi del 29* (*Il Circolo Linguistico di Praga*), Milano: Silva, 1966; "Les Thèses de 1929", republicação do texto original, escrito em francês, *Charge*, Paris, n. 3, 1969.

(conversação), que constitui, na lição dos praguenses, uma gama de formas de transição entre as formas canônicas da língua literária e a linguagem popular.

Abordando o problema da relação entre os "gêneros primitivos" (os da literatura popular ou oral) e os da "literatura desenvolvida", René Wellek e Austin Warren[6] referem a opinião do formalista russo V. Chklóvski, para quem as novas formas de arte são simplesmente a canonização de gêneros inferiores (infraliterários). E Victor Erlich, no seu fundamental *Russian Formalism*[7], mostra como os integrantes dessa escola crítica renovadora prestavam especial atenção aos "gêneros híbridos", memórias, cartas, reportagens, folhetins, aos produtos da cultura popular que vivem uma existência precária na periferia da literatura, ao jornalismo, ao "vaudeville", à canção gitana e à estória policial, para explicar através deles as inovações de autores como Púschkin, Niekrássov, Dostoiévski e Blok.

O "hibridismo dos gêneros", no contexto da revolução industrial que se inicia na Inglaterra na segunda metade do século XVIII, mas que atinge o seu auge com o nascimento da grande indústria, na segunda metade do século XIX, passa a se confundir também com o hibridismo dos *media*, e a se alimentar dele. A emergência da grande imprensa desempenha um papel fundamental nos rumos da literatura. A linguagem descontínua e alternativa, característica da conversação, vai encontrar na simultaneidade e no fragmentarismo do jornal seu desaguadouro natural. A importância do jornal não escapou nem a Hegel nem a Marx. Aquele referia que a leitura do jornal passava a ser, para a nossa época, uma espécie de oração filosófica matinal; este, refletindo justamente sobre a impossibilidade da épica, tal como a conceberam os clássicos, em nosso tempo, usa de uma bela paronomásia para exprimir que, diante da imprensa, a fala e a fábula, o conto e o canto (*das Singen und*

---

6 *Teoria Literaria*, Madrid: Gredos, 1959 (tradução espanhola do original inglês de 1955).
7 Haia: Mouton, 1955.

Sagen), a musa dos gregos enfim, cessam de se fazer ouvir. Lamartine, por sinal um poeta representativo do romantismo "extrínseco" na sua vertente de "poesia-lágrima", não deixa, no entanto, de ser sensível ao fenômeno, escrevendo, em 1831: "O pensamento se difundirá no mundo com a velocidade da luz, instantaneamente concebido, instantaneamente escrito e compreendido até às extremidades do globo [...] Não terá tempo para amadurecer –, para se acumular num livro; o livro chegará muito tarde. O único livro possível a partir de hoje é o jornal." E Mallarmé, que via na imprensa o "moderno poema popular", uma forma rudimentar do livro enciclopédico e último de seus sonhos, inspira-se nas técnicas de espacialização visual e titulagem da imprensa cotidiana, assim como nas partituras musicais, para a arquitetura de seu poema constelar *Un Coup de dés* (1897). Esse poema de pouco mais de dez páginas pode ser considerado, justamente, uma espécie de épica dos novos tempos, uma épica sintética e condensada do espírito crítico em luta com o Acaso e meditando sobre a possibilidade mesma da poesia, cuja morte ou cuja crise havia sido vaticinada por Hegel.

Marshall McLuhan tem procurado interpretar de maneira extremamente sugestiva esse conflito dos *media*[8]. Para o teórico canadense – no qual muitos veem apenas o discutido "profeta" da era eletrônica, ignorando que se trata de um *scholar* profundamente versado nas obras de Joyce e Pound, em Poe e Mallarmé[9] –, a grande imprensa, a partir sobretudo da invenção do telégrafo e de sua influência, sob a forma de mosaico de notícias, no estilo e na apresentação dos jornais, aproxima-se da cultura oral, que não é linear, mas sinestésica, tátil, simultânea, tribal. O aparente paradoxo é explicado por um fenômeno de hibridização, de

---

8 *The Gutenberg Galaxy*, Toronto: University of Toronto Press, 1962; idem, *Understanding Media: The Extensions of Man*, New York: McGraw Hill, 1965.
9 "Joyce, Mallarmé and the Press", *Sewanee Review*, Sewanee, n. 1, winter 1954.

cruzamento. Assim, o princípio alfabético, gutenberguiano, com sua unidade de ponto de vista e sua cadeia linear, é superado exatamente quando, ao culminar no jornal cotidiano, o *medium* telegráfico se encontra com ele e de ambos nasce uma forma híbrida.

> O híbrido ou o encontro de dois *media* é um momento de verdade e revelação, do qual nasce a forma nova [...] O momento do encontro dos *media* é um momento de libertação e de resgate do entorpecimento e do transe que eles costumam impor aos nossos sentidos.

Sustentando que o princípio do "hibridismo" é uma técnica de descoberta criativa, McLuhan – que ressalta a influência da imprensa popular sobre Mallarmé e Joyce, e que compara um jornal moderno a um poema surrealista – vê em Edgar Allan Poe o grande pioneiro nesse campo.

> A imagem em mosaico da TV – escreve – já fora prenunciada pela imprensa popular que se desenvolveu com o telégrafo. O uso comercial do telégrafo teve início em 1844, na América, e um pouco antes na Inglaterra [...] O empirismo artístico muitas vezes antecipa de uma ou mais gerações a ciência e a tecnologia. O significado do mosaico telegráfico em suas manifestações *jornalísticas* não escapou à mente de E.A. Poe. Ele soube utilizá-lo em duas invenções notáveis: o poema simbolista e a estória de detetive. Ambas estas formas exigem do leitor uma participação do tipo "faça você mesmo" *(do-it-yourself)*. Apresentando uma imagem ou processo incompleto, Poe *envolvia* seus leitores no processo criativo, de um modo que Baudelaire, Valéry, T.S. Eliot e muitos outros admiraram e procuraram seguir.

O Processo de Destruição dos Gêneros

Um Precursor: Sousândrade

Esta introdução foi algo longa, mas necessária. Ela não nos afastou de nosso objetivo específico, mas, ao contrário, permitir-nos-á entrar em cheio no âmago dele, munidos já de um cabedal de ideias que nos facilitará a leitura significativa do espaço literário brasileiro, e mais amplamente latino-americano, que nos cabe enfocar.

Qual seria, dentro do problema de uma superação do cânon dos gêneros e de sua linguagem exclusiva, a situação da literatura latino-americana?

Sabemos que o nosso romantismo poético – momento-chave, como até aqui ficou exposto, para a consideração dos modernos aspectos da questão – é um romantismo defasado e epigonal, extensamente dependente dos modelos europeus, e não dos modelos "intrínsecos", negligenciados mesmo em suas pátrias de origem, mas, principalmente, dos paradigmas "extrínsecos" (a oratória hugoana, o intimismo soluçante de Musset, a religiosidade lacrimatória de Lamartine). Se Paul Valéry é tão severo com os mestres franceses de nossos românticos ("l'oeuvre romantique, *en général,* supporte assez mal une lecture ralentie et hérissée des résistances d'un lecteur difficile et raffiné"[10]), como poderemos nós, sem prejuízo da objetividade crítica, ser mais benévolos e complacentes para com a "prata da casa"? A não ser que queiramos que os nossos juízos tenham um valor meramente local e não aspiremos ao tribunal mais exigente da "literatura universal", onde não teriam curso, por estarem referidos a índices artificiais. Seriam juízos provisórios, fruto duma indulgência consentida, que acabariam por relegar nossas literaturas à condição de meros "protetorados", literaturas "menores", sujeitas a permanente regime de curatela estética. O crítico latino-americano, sobretudo no atual momento de emergência de nossas literaturas para o cenário mundial, não pode ter duas almas, uma para considerar o legado europeu, outra para encarar o caso particular de sua literatura. Deve situar-se diante de ambos com uma mesma consciência e um mesmo rigor, e somente dessa atitude exemplarmente radical pode resultar o reexame da nossa historiografia literária, que nem por

---

10 *Variété*, Paris, n. 2, 1930.

ser relativamente recente está livre dos clichês da sensibilidade, da repetição irrefletida e monótona de julgamentos preconcebidos, que não resistem a uma análise instrumentada. Estamos na época da compressão da informação e da comunicação rápida, quando se faz uma realidade cotidiana o prognóstico de Marx e Engels: "As obras intelectuais de uma nação tornam-se propriedade comum de todas. A estreiteza e o exclusivismo nacionais tornam se dia a dia mais impossíveis, e da multiplicidade das literaturas nacionais e locais nasce uma literatura universal."[11]

De outro lado, não acreditamos que haja uma relação de correspondência simétrica entre desenvolvimento artístico e progresso tecnológico. "Nada mais errôneo – afirma Roman Jakobson – do que a noção amplamente difundida de que entre poesia moderna e poesia medieval haja a mesma relação que entre a metralhadora e o arco."[12]

Engels, em carta de 1890 a Conrad Schmidt, sustenta que a filosofia pertence a um domínio determinado da divisão do trabalho, que supõe uma documentação intelectual transmitida por predecessores a lhe servir de ponto de partida, o que explica que países economicamente retardatários possam eventualmente oferecer uma contribuição original nesse campo. O mesmo, nos parece, será possível dizer, por analogia, da literatura.

Assim, não constitui uma contradição com o que antes ficou dito, em linha de princípio, sobre o nosso romantismo, se formos encontrar justamente num poeta de nossa segunda geração romântica (n. em 1832) um precursor dos rumos da vanguarda na poesia universal. A nova perspectiva que nos oferecem a poesia e a crítica modernas, dentro daquele mesmo rigor programático que nos faz rejeitar como desvalioso o elenco de românticos "maiores" e "menores" proposto pela historiografia brasileira tradicional, permite-nos, em compensação, reconhecer a

---

11 *Sur la littérature et part* (*textes choisis*). Paris: Éditions Sociales, 1954.
12 Linguistics and Poetics, em T.A. Sebeok (org.), *Style in Language*, Cambridge: MIT Press, 1960.

genialidade de um poeta que foi marginalizado por seus contemporâneos precisamente porque sua linguagem ultrapassava o limiar de compreensão do seu tempo. Trata-se de Joaquim de Sousa Andrade, Sousândrade, como o poeta gostava de ser chamado, com os dois nomes de família aglutinados e acentuados na esdrúxula, para assim obter uma sonoridade grega e o mesmo número de letras do nome de Shakespeare.

Na literatura de língua espanhola, depois da fúria dos *siglos de oro* (XVI e XVII) seria preciso aguardar pelo modernismo no fim do século (1880-1910), para encontrar um novo momento de irrupção criativa, nada havendo no entretempo, salvo "tímidas manchas de verdor" (Bécquer, Rosalía de Castro), que se compare a Coleridge, Leopardi ou Hölderlin, nada que se pareça a Baudelaire. É o que opina o poeta mexicano Octavio Paz, um dos mais agudos e atualizados críticos latino-americanos, em seu estudo sobre Rubén Darío. No mesmo sentido se expressava, polemicamente, Huidobro: "Desde el Siglo de Oro las letras españolas son un desierto hasta Rubén Darío."

Pois Sousândrade é contemporâneo síncrono de Baudelaire. Seu primeiro livro, *Harpas Selvagens*, onde já se encontram achados poéticos dignos de Fernando Pessoa, é de 1857, como *Les Fleurs du mal*. Nesse livro há uma linha de poesia meditativo-existencial que se aparenta à dicção de Novalis e Hölderlin, e que não deixa também de ter afinidades com os *Idilli* leopardianos. Mas a obra capital de Sousândrade é o poema *O Guesa*, cujos primeiros Cantos foram publicados em 1867, e cuja última edição, ainda assim incompleta, compreendendo XIII Cantos, é de 1888 (impressa em Londres). Trata-se de um poema de temática panamericana, inspirado numa lenda dos índios *muyscas* da Colômbia, recolhida por Humboldt (*Vue des Cordillères*, 1810). O Guesa era uma criança roubada aos pais e destinada a cumprir o destino místico de Bochica, deus do Sol. Educado no templo do deus até os 10 anos, deveria então repetir as peregrinações rituais para, afinal, aos quinze anos, ser sacrificado à divindade. Numa praça circular, atado a uma coluna, o Guesa era morto a flechadas por sacerdotes (*xeques*). Seu coração era arrancado em oferenda ao sol e o sangue recolhido em vasos sagrados. Sousândrade identifica o seu destino pessoal de poeta com o fadário de um novo Guesa. Mas, para além desse drama individual de *poète maudit*, explicável pelo *mal du siècle*, há uma forte motivação histórico-social: o poeta hipostasia seu destino no do índio americano explorado pelo conquistador branco. De um lado, condena as formas de opressão e corrupção dos poderosos, profligando o colonialismo e satirizando as classes dominantes (a nobreza e o clero). De outro, preconiza o modelo republicano greco-incaico, colhido na República social utópica de Platão e no sistema comunitário dos incas, ou ainda numa livre interpretação das raízes do cristianismo. O poeta percorre as Américas, e o poema vai-se constituindo sem um fio propriamente lógico, com uma soltura autobiográfica, de quem reconstitui memórias de tempos e lugares diversos e as vai ajuntando ao sabor da recordação. O momento culminante é o episódio do "Inferno de Wall Street", que se passa na Bolsa de Nova York, na década de 1870 (Sousândrade, nesse período, viveu nos EUA). O poeta se deixa impressionar pelas contradições da República, que vai descobrir no seu próprio paradigma à época, a República norte-americana ("o jovem povo de vanguarda"), cuja revolta contra a metrópole constituiu-se em fonte de inspiração para os povos colonizados do continente. Como Ezra Pound depois, obsediado pela ideia de um "inferno financeiro", Sousândrade vislumbra as mazelas do capitalismo florescente, no seu próprio centro de operações, Wall Street, e as verbera causticamente. É então que, sob a pressão de novos conteúdos, ele apela para novas soluções formais. Antes de Mallarmé, cujo *Coup de dés* é de 1897; mais radicalmente do que Poe, cuja poesia, sob muitos aspectos, é ainda convencional, ele se deixa inspirar pelo mosaico telegráfico dos jornais. O episódio do "Inferno" é todo ele uma espécie de teatro sintético feito por um processo de montagem de eventos, com notícias extraídas de periódicos da época, fragmentos históricos e mitológicos, citações, comentários mordazes, tudo isso em diálogos comprimidos, num estilo descontínuo, pontilhados de palavras e frases polilíngues. O poeta é perfeitamente explícito sobre sua técnica de composição. Em 1877, a propósito do Canto do "Galesa" onde se situava esse episódio, anota: "No Canto VIII agora, o Autor conservou nomes próprios tirados à maior parte de jornais de Nova York e sob a impressão que produziam."

Mas vejamos a primeira das 176 estrofes que compõem o "Inferno de Wall Street":

(O GUESA tendo atravessado as ANTILHAS, crê-se livre
dos XEQUES e penetra em NEW YORK-STOCK-EXCHANGE;
a Voz, dos desertos:)

– Orfeu, Dante, Aeneas, ao inferno
Desceram; o Inca há de subir...
= *Ogni sp'ranza lasciate,*
Che entrate...
– Swedenborg, há mundo por vir?

O poeta, na *persona* do Guesa (o "Inca"), fugindo dos *xeques* (sacerdotes), penetra no Inferno de Wall Street. Só que ele, vindo geograficamente da América do Sul, pelas Antilhas, *sobe* às paragens infernais, em lugar de *descer* ao mundo subterrâneo, como o fizeram Orfeu, Dante ou Eneias. Uma segunda voz, identificada por um duplo travessão, repete o aviso dantesco, inscrito no pórtico do Inferno, porém sob uma forma truncada, fragmentada, adaptada ao metro da estrofe. A primeira voz (uma "Voz que clama no deserto") replica invocando Swedenborg (teósofo e visionário sueco, 1688-1772) e indagando da possibilidade de um mundo mais justo.

Na obra de Sousândrade, insulado patriarca latino-americano da poesia de vanguarda, consuma-se de maneira flagrante a dissolução dos gêneros. Seu *O Guesa* (do qual disse *The Times Literary Supplement*, 24 jun. 1965: "If any poem deserves the title of Latin American epic this is it"), escapa às classificações habituais. O próprio poeta achava que seu poema não era dramático, nem lírico, nem épico, mas se aproximava antes da narrativa. "Poema-romance", chamou-o um dos seus contemporâneos, Joaquim Serra. Se o poema é épico, não o será no sentido tradicional do gênero, mas apenas na acepção de que "inclui história", como quer Pound. Trata-se, como no caso dos *Cantos* do poeta norte-americano, de uma *plotless epic*, de uma épica da memória, que engloba elementos narrativos (à maneira byroniana), líricos e dramáticos num mesmo desenho. Por sua temática de âmbito continental ("de nossos poetas é, creio, o único a ocupar-se de assunto colhido nas repúblicas espanholas", observou o crítico Sílvio Romero); pelo barroquismo de sua linguagem; por seu caráter de suma lírico-biográfico-ideológica; por suas passagens descritivo-paisagísticas e por suas preocupações legendárias e históricas, o poema sousandradino antecipa outra moderna tentativa de renovação da epopeia (ou do poema longo), o *Canto General* (1950), de Pablo Neruda.

A Ruptura na América Hispânica

Na América hispânica, o momento dessa ruptura da idcia de gêneros e de seu exclusivismo linguístico – sobretudo no que tange às grandes divisões categoriais *poesia* e *prosa* – é marcado pelo "modernismo" de Rubén Darío e seus companheiros. Esse "modernismo" de língua espanhola (que, cronologicamente, corresponde ao parnasianismo e ao simbolismo brasileiros, embora nem sempre de maneira esteticamente simétrica), teve suas características inovadoras muito bem resumidas por Octavio Paz:

> Reforma verbal, el modernismo fue una sintaxis, una prosodia, un vocabulario. Sus poetas enriquecieron el idioma con acarreos del francés y el inglés; abusaron de arcaísmos y neologismos; y fueron los primeros en emplear el lenguaje de la conversación. Por otra parte, se olvida con frecuencia que en los poemas modernistas

aparece un gran número de americanismos e indigenismos. Su cosmopolitismo no excluía ni las conquistas de la novela naturalista francesa ni las formas lingüísticas americanas. Una parte del léxico modernista ha envejecido como han envejecido los muebles y objetos del *art nouveau:* el resto ha entrado en la corriente del habla. No atacaron la sintaxis del castellano; más bien le devolvieron naturalidad y evitaron las inversiones latinizantes y el énfasis. Fueron exagerados, no hinchados; muchas veces fueron *cursis,* nunca tiesos. A pesar de sus cisnes y góndolas, dieron al verso español una flexibilidad y una familiaridad que jamás fue vulgar y que habría de prestarse admirablemente a las dos tendencias de la poesía contemporánea: el amor por la imagen insólita y el prosaísmo poético.

Um segundo e mais definitivo lance desse mesmo processo e constituído pela "vanguardia" – pelo "creacionismo-ultraísmo" suscitado na Espanha e na América Espanhola sobretudo pela atividade do chileno Vicente Huidobro, que já em 1917 publica em francês Horizon carré (Paris) e no ano seguinte, em Madri, *Ecuatorial e Poemas Árticos*, em castelhano, além de outros dois livros em francês, *Hallali* e *Tour Eiffel* (este último ilustrado por Delaunay). O papel de Huidobro para a poesia de expressão espanhola deste século parece semelhante ao de Rubén Darío para a do fim do Oitocentos:

> Porqué si Rubén vino a acabar con el romanticismo, Huidobro ha venido a descubrir la senectud del ciclo novecentista y de sus arquetipos, en cuya imitación se adiestron hoy, por desgracia, los jóvenes, semejantes a los alumnos de dibujo que se ejercitan copiando manos y pies de estatuas clásicas.[13]

Huidobro incorpora a seus poemas o espaço em branco da página mallarmeana, os recursos tipográficos do futurismo italiano, manipula livremente os elementos da realidade numa sintaxe interrupta e fragmentada, pontilhada de imagens "polipétalas", às quais não faltam sugestões do cotidiano e do mundo mecânico, bem como do jargão técnico-científico, de que o poeta se vale em seu intento de

13 Rafael Cansinos-Asséns, Un Gran Poeta Chileno: Vicente Huidobro y el Creacionismo, *Cosmópolis*, 1 jan.1919.

humanizar las cosas ("algo vasto, enorme, como el horizonte se humaniza, se hace íntimo, filial, gracias al adjetivo *cuadrado*").

A importância de Huidobro, como poeta e como teórico da poesia, é fundamental, para quem queira pensar o problema da renovação dos meios poéticos na América Espanhola. A meditação do seu exemplo livraria boa parte da produção atual dessa poesia da compulsão retórica, do fluxo torrencial, não organizado, de metáforas genitivas, que acaba sendo a herança tardia do *surréalisme* francês (e de todo "super-realismo" que lhe seja coextensivo). Ganhar-se-ia em troca uma maior consciência dos problemas de estruturação do poema como objeto de signos, como entidade semiológica:

> Os diré qué entiendo por poema crendo. Es un poema en que cada parte constitutiva, y todo el conjunto, muestra un hecho nuevo, independiente del mundo externo, desligado de cualquiera otra realidad que no sea la propia, pues toma su puesto en el mundo como un fenómeno singular, aparte y distinto de los demás fenómenos.[14]

Modernismo no Brasil

Ao "modernismo" brasileiro – etapa literária que corresponde ao "creacionismo-ultraísmo" – teria faltado a estética radical da "vanguardia" hispano-americana e nele não haveria nenhum vulto comparável a Huidobro. Assim se expressa Octavio Paz, no artigo "The World as Foundation"[15]. Permitimo-nos discordar aqui desse ponto de vista, embora o artigo de Paz seja um notável balanço do problema literário de nosso continente e contenha observações verdadeiramente iluminadoras sobre o tema. O "modernismo" brasileiro de 1922 teve, apenas, um maior recuo no tempo em relação aos movimentos europeus

---

14 Vicente Huidobro, *Poesia y Prosa*, Madrid: Aguilar, 1957.
15 *The Times Literary Supplement*, London, n. 14 nov. 1968. (Trad. bras.: Poesia Latino-Americana?, *Signos em Rotação*, São Paulo: Perspectiva, 1972, p. 145.)

congêneres (o "Manifesto" inicial do futurismo italiano é de 1909). Mas nele se destacam duas figuras de primeira plana, Oswald de Andrade e Mário de Andrade (que, apesar do sobrenome idêntico, não têm parentesco de família). Tanto à poesia como à prosa deram eles contribuições de um grande poder inventivo, que decidiram o futuro da literatura brasileira. Oswald, com sua poesia "pau-brasil" (1925-1927); com seus romances ou "invenções", como ele os preferia chamar (*Memórias Sentimentais de João Miramar*, 1924; *Serafim Ponte Grande*, 1933); com seus manifestos explosivos ("Manifesto da Poesia Pau-Brasil", 1924; "Manifesto Antropófago", 1928); com seu teatro revolucionário (1933-1937). Mário, com sua poesia (desde *Pauliceia Desvairada*, 1922); com seu romance, ou "rapsódia", *Macunaíma* (1928); com seus escritos teóricos e polêmicos (o "Prefácio Interessantíssimo" da *Pauliceia;* o ensaio de poética modernista *A Escrava que Não É Isaura*, 1925).

A poesia "pau-brasil" de Oswald – nome tirado da madeira vermelha cuja exploração pelos portugueses constituiu o nosso primeiro "produto de exportação"... – caracteriza-se pela linguagem reduzida, pela extrema economia de meios, pela intervenção surpreendente da imagem direta, do coloquial, do humor. Oswald chega mesmo a escrever um poema de apenas duas palavras, uma o título, outra o texto:

amor
humor

Eis um verdadeiro manifesto contra o vício retórico nacional, uma tentativa de chegar à concisão e à síntese da poesia japonesa (como disse um crítico da época, Paulo Prado). Diferentemente, porém, do mexicano José Juan Tablada, uma fascinante figura de trânsito entre "modernismo" e "vanguardia", que, por volta de 1917, escreve os primeiros haicais em espanhol, Oswald, em seus poemas--comprimidos, não traz nenhum ressaibo de exotismo oriental: são cápsulas de linguagem viva, colhidas no cotidiano, dotadas de alta voltagem lírica e frequentemente providas de agudo gume crítico, como, mais tarde – no fim da década de 1930 – faria Brecht com seus poemas elípticos, cujos nexos cabem ao leitor restabelecer. Mário, por seu turno, pratica uma poesia "polifônica", simultaneísta, menos despojada do que a de Oswald, mas como a dele marcada pelos ritmos descontínuos da civilização moderna e pela espontaneidade da língua falada (o português do Brasil, com "a contribuição milionária de todos os erros", não a língua letrada dos "puristas" de preceito lusitano). Em ambos os casos, abolem-se os limites entre poesia e prosa de um modo tão desnorteante, que os contemporâneos de mentalidade "passadista" não mais conseguem identificar essas produções, que lhes parecem fruto de "paranoia", ou "mistificação". Se é verdade que essa poesia recebia o estímulo das vanguardas europeias (futurismo, dadaísmo, surrealismo; Oswald, como Huidobro, conviveu em Paris com pintores e poetas ligados ao cubismo; Mário foi um leitor infatigável dos experimentalistas europeus e, inclusive, do próprio Huidobro), não é menos certo que houve nesses empréstimos uma forma de assimilação muito diversa da que caracterizou fases literárias anteriores. Havia em nosso meio aquilo que se poderia denominar uma *congenialidade* em relação aos novos experimentos, e que se explicava apenas em parte pelo processo de industrialização desencadeado em centros cosmopolitas como São Paulo. Antonio Candido elucida o fenômeno:

No Brasil, as culturas primitivas se misturam à vida cotidiana ou são reminiscências ainda vivas de um passado recente. As terríveis ousadias de um Picasso, um Brancusi, um Max Jacob, um Tristan Tzara, eram, no fundo, mais coerentes com a nossa herança cultural do que com a deles. O hábito em que estávamos do fetichismo negro, dos calungas, dos ex-votos, da poesia folclórica, nos predispunha a aceitar e assimilar processos artísticos que na Europa representavam ruptura profunda com o meio social e as tradições espirituais. Os nossos modernistas se informaram pois rapidamente da arte europeia de vanguarda, aprenderam a psicanálise e plasmaram um tipo ao mesmo tempo local e universal de expressão, reencontrando a influência europeia por um mergulho no detalhe brasileiro.

Era o que Oswald teorizou sob o nome de *antropofagia*, vale dizer, a aceitação não passiva, mas sob a forma de uma devoração crítica, da contribuição europeia e a sua transformação em um produto novo, dotado de características próprias, que, por sua vez, passava a ter uma nova universalidade, uma nova capacidade de ser *exportado* para o mundo (daí o nome poesia "pau-brasil", como referimos antes).

Na prosa, a renovação se manifesta com a criação de obras que não mais se confinam no conceito tradicional de romance (o romance "acabado", "bem feito", do realismo oitocentista). O *Miramar* de Oswald é um caleidoscópio de 163 fragmentos que devem ser montados cinematograficamente no espírito do leitor e onde um capítulo pode ser um poema "pau-brasil", um excerto de cartão postal ou uma simples linha humorística ("Minha sogra virou avó"). Concluído um ano após o aparecimento do *Ulysses* de Joyce, que é de 1922, o livro de Oswald se inclui na linha antinormativa do romance contemporâneo. E Oswald radicalizou ainda mais os seus processos de desconexão cênica e humor paródico em *Serafim Ponte Grande*, farsa rabelaisiana que Antonio Candido definiu como uma "Suma Satírica da sociedade capitalista em decadência" e que outro crítico, Mário da Silva Brito, considerou "o mais destabocado livro da língua portuguesa". Entre esses dois livros, influenciado pelo primeiro e talvez influindo no segundo, Mário de Andrade publicou o seu *Macunaíma*, que embora também se afaste do modelo romanesco tradicional (Mário chamava-o "rapsódia") e, como os livros de Oswald, seja profundamente paródico no tema e na linguagem, guarda características específicas, que fazem dele uma obra singular na trilogia básica da prosa modernista brasileira. Em 1928, em Leningrado, Vladimir Propp publica a sua *Morfológuia Skázki* (Morfologia do Conto de Magia), que tanta importância iria ter para a contemporânea análise estrutural da narrativa, e onde o estudioso eslavo procura estabelecer os elementos invariantes no campo do fabulário russo, para assim destacar as funções básicas, desempenháveis por personagens diversas, mas cujo encadeamento inalterável constitui um esquema compositivo unitário, sempre repetido, sob esta ou aquela variação. Nesse mesmo ano, dando provas de uma singular afinidade de imaginação estrutural, e fazendo por assim dizer o percurso simetricamente inverso, Mário publicava a sua superfábula, criada mediante a combinação de elementos permutáveis de um *corpus* de lendas que ele, preliminarmente, analisara e selecionara para seus fins narrativos. Como no caso do *Guesa* de Sousândrade (que, aliás, foi desconhecido pelos modernistas brasileiros), o tema-guia de *Macunaíma* é panamericano, ocorre em lendas da América amazônica recolhidas por Koch-Grünberg (*Von Roroima zum Orinoco*, 1916). Mário – diz a propósito o crítico Cavalcanti Proença – "escolheu o nome de Macunaíma porque este não é só do Brasil, é da Venezuela também, e o herói, não achando mais a própria consciência, usa a de um hispano-americano e se dá bem do mesmo jeito".

Etimologicamente, Macunaíma significa "O Grande Mau". Mário fez dele um herói sem caráter definido, uma espécie de protótipo do brasileiro (e, por extensão, do latino-americano) à busca de seu caráter nacional e de seu perfil étnico. O livro é desenvolvido em pauta satírica, não segundo um princípio lógico ou psicológico, mas de acordo com aquela ordem de necessidade e causalidade sintagmática que fornece o esquema de base nas fábulas congêneres. O autor vai dando "coloratura" ao tecido conjuntivo da narração mediante a inclusão de variantes extraídas de outras lendas, de contos populares de diferentes regiões do Brasil, além de recorrer a elementos contemporâneos e de crítica social (o gigante Piaimã, da mitologia taulipangue, com o qual Macunaíma luta, é a princípio um regatão peruano que lhe roubou o talismã, depois um imigrante italiano enriquecido em São Paulo, para dar só este exemplo). No mesmo passo, a linguagem de Mário torna-se compósita, uma espécie de amálgama dos vários falares brasileiros, com arcaísmos, regionalismos, indigenismos, africanismos e giros de sintaxe popular[16].

Não Mais Limites Entre Poesia e Prosa. O Barroco

A rarefação dos limites demarcatórios entre *poesia e prosa*, com a introdução, no romance, de técnicas de construção do poema, é já sentida pelo escritor contemporâneo (póstero de Proust e Joyce), como uma herança transmitida, uma aquisição pacífica. "Quizá la herencia más importante que nos deja esta línea de poesía en la novela reside en la clara conciencia de una abolición de fronteras falsas, de categorias retóricas. Ya no hay novela ni poema: hay situaciones que se ven y resuelven en su orden verbal propio", declara Julio Cortázar[17]. O mesmo autor, em trabalho precedente[18], depois de estabelecer uma diferença entre "lenguaje enunciativo" e "lenguaje poético" (o que lembra a distinção de Jakobson entre "função cognitiva ou referencial" e "função poética" da linguagem), sustenta que, nos grandes romances tradicionais, havia também uma interferência de ambas essas formas, mas isto ocorria sem quebra da "ordem estética" racionalista, própria do romance. Já no romance contemporâneo "sólo el desfallecimiento del novelista mostrará la recidiva del lenguaje enunciativo – revelador a la vez del ingreso de una situación no poética y reductible por lo tanto a una formulación mediatizada".

E conclui, taxativo: "Mas seguir hablando de *novela* carece ya de sentido en este punto. Nada queda – adherencias formales, a lo sumo – del mecanismo rector de la novela tradicional.

---

16 Este trabalho foi escrito em março/abril de 1970. Dedicamos posteriormente ao romance-rapsódia de Mário de Andrade todo um livro, *Morfologia do Macunaíma*, São Paulo: Perspectiva, 1973.

17 Situación de la Novela, *Cuadernos Americanos*, n. 4, Ciudad de México, 1950.

18 Notas Sobre la Novela Contemporánea, *Realidad*, Buenos Aires, n. 8, 1948.

El paso del orden estético al poético entraña y significa la liquidación del distingo genérico Novela-Poema."

Essa atitude, nós a gostaríamos de descrever, em termos tirados ainda da linguística jakobsoniana, como um voltar--se incessante do escritor para a materialidade mesma da linguagem (a "função poética" é aquela que se volta para o aspecto material dos signos), inclusive quando esteja, aparentemente, fazendo aquilo que, convencionalmente, se chamaria "prosa". Na literatura brasileira contemporânea, depois dos precedentes notáveis do "modernismo" de 1922, ela deu o lirismo introspectivo de Clarice Lispector (*Perto do Coração Selvagem*, de 1943, a primeira obra e, até hoje, a mais realizada da escritora), para atingir o seu clímax no *Grande Sertão: Veredas* (1956), de Guimarães Rosa. Na literatura americana de expressão espanhola, seu ápice, a nosso ver, se encontra em *Paradiso* (1966), do cubano Lezama Lima. Ambos – o *Grande Sertão* e o *Paradiso* – são livros barrocos: neobarrocos, melhor dizendo. O de Rosa, por suas constantes invenções vocabulares; por seus rasgos sintáticos inovadores; pelo hibridismo léxico (que vai do arcaísmo ao neologismo e à montagem de palavras); pelo confronto oximoresco de barbárie e refinamento (o Sertão metafísico, palco das andanças ontológicas do Jagunço--Fausto, debatendo-se entre Deus e o Demo); pelo *topos* do "amor proibido", "perverso" (Diadorim, a mulher travestida de homem, que desperta no protagonista, Riobaldo, uma paixão que este não pode confessar). O de Lezama, pela metaforização gongorina do cotidiano; pelo prodígio de uma linguagem que é um escândalo romanesco, na medida em que substitui, às convenções de "tipo" do romance realista, com seus requisitos de verossimilhança, a unidade plurifacetada do discurso poético do autor (um cozinheiro ou uma dona de casa, em Lezama, se exprimem da mesma maneira que um estudante universitário ou um letrado, como se o autor, superpoetizando a sua prosa, revidasse, assim, à introdução do conversacional na poesia moderna); enfim, pelo misticismo sincrético; pela fusão também de sofisticação e *naïveté* (a um ponto que, por vezes, roça o *Kitsch*) e, ainda, por um tema amoroso que se inscreve igualmente no *topos* do Eros interdito (a paixão infeliz de Foción por Fronesis, que culmina na loucura do primeiro).

"El barroco, [que] es lo que interesa de España en América", – exclama José Lezama Lima[19] pela boca de José Cemí, personagem em que há muito de autobiográfico (além, talvez, de uma voluntária anagramatização onomástica: Lezama Lima / EZ – IM / CE – MI). E será, quem sabe, justamente no barroco, em seu transplante ibero-americano – quando, a par do *fusionismo* próprio desse estilo, se dá a *mestiçagem* peculiar a um confronto de culturas e raças diferentes –, que se poderá encontrar, no embrião, essa atitude de não conformidade à partilha clássica dos gêneros e suas correlatas convenções literárias, de parte do escritor da América Latina. A respeito, podemos recorrer a Severo Sarduy, autor da nova geração, cujo livro *De Donde Son los Cantantes* (1967) é também uma das mais significativas manifestações desse neobarroquismo que vê na *plasticidad del signo* e seu caráter de *inscripción* o destino da escritura. Procurando caracterizar o barroquismo por *superposición* de seu compatriota Lezama, Sarduy apela para esta expressiva passagem de Cintio Vitier sobre o primeiro poema cubano, "Espejo de Paciencia" (1608), de Silvestre de Balboa:

> Lo que suele considerarse un extravagante desacierto en el poema de Balboa – la mezcla de elementos mitológicos grecolatinos, con la flora, fauna, instrumentos y hasta ropas indígenas (recuérdense las amadríades "en naguas") – es lo que a nuestro juicio indica su punto más significativo y dinámico, el que lo vincula realmente con la historia de nuestra poesía...

É bastante sintomático que se possa encontrar algo de semelhante no baiano Gregório de Matos (1633-1696), a mais alta figura da poesia barroca brasileira e um de nossos poetas (do ponto de vista sincrônico) mais atuais. Gregório,

---

19 *Paradiso*, Habana: Unión, 1966, p. 256-257.

cognominado o "Boca do Inferno" pela virulência de seu estro, leva a miscigenação de elementos própria do período até a textura mesma da sua linguagem, entremeando nela, para efeitos de contraste e de grotesco, vocábulos tupis (indígenas) e africanos, numa jocunda operação de caldeamento linguístico-satírico. Neste sentido, sua linguagem, como disse Octavio Paz da de Lezama, e já um *caldo criollo*, temperado no trópico.

A Dimensão Metalinguística

Mas um outro fator, não menos importante, intervém na literatura moderna, contribuindo poderosamente para a ruptura do estatuto dos gêneros e da precisa discriminação linguística que lhe seria correspectiva. Aqui será preciso que retornemos a Mallarmé e ao seu *Un Coup de dés*. Nesse poema, como que respondendo à assertiva de Hegel de que, para o espírito moderno, a reflexão sobre a arte acabava sendo mais interessante do que a própria arte, Mallarmé introduziu a dimensão metalinguística do exercício da linguagem, uma dimensão reservada antes à estética e à ciência da literatura do que à literatura propriamente dita. Mallarmé "inventa el poema crítico", anota Octavio Paz. Trata-se de um poema que se questiona a si mesmo sobre a essência do poetar, num sentido muito diferente, porém, das "artes poéticas" versificadas da preceptística tradicional: o que está em causa não é um receituário de como fazer poesia, mas uma indagação mais profunda da própria razão do poema, uma experiência de limites.

Assim, a linguagem do ensaio e da especulação teórico-filosófica (*langage de formulation*, para usarmos um termo das *Teses* do Círculo de Praga) passa a integrar-se no poema, que se faz metalinguagem de sua própria linguagem-objeto.

A essa incorporação de uma dimensão metalinguística à literatura de imaginação corresponde, também, o que os formalistas russos designavam por "desnudamento do processo", e que outra coisa não é senão um pôr a descoberto a arquitetura mesma da obra à medida que ela vai sendo feita, num permanente circuito autocrítico. Isto pode ocorrer em modo "sério-estético" (expressão de Edmund Wilson), como no caso de Mallarmé, ou em modo paródico, irônico, anti-ilusionista, como no caso desse extraordinário precursor dos rumos do romance moderno que é Laurence Sterne, com seu *Tristram Shandy* (1759-1767). Sabemos que Viktor Chklóvski, na sua *Teoria da Prosa*, num rasgo voluntariamente polêmico, reputa o *Tristram Shandy* a obra romanesca mais típica da literatura universal (ao invés de um caso de exceção e de extravagância como geralmente costumava-se dizer), justamente porque põe a nu a estrutura do romance, perturbando-a, "desautomatizando-a" para a percepção do leitor, que é assim convidado a refletir sobre a natureza do objeto verbal que lhe é proposto, a assumir diante dele uma postura de participação crítica.

Na literatura latino-americana, parece-nos que essa problematização metalinguística terá ocorrido, pela primeira vez, na obra excepcional do brasileiro Machado de Assis, em especial em *Memórias Póstumas de Brás Cubas* (1881), *Quincas Borba* (1891) e *Dom Casmurro* (1899), livros em que se pode vislumbrar a influência de Sterne, assimilada, porém, e organizada num sentido muito pessoal. São romances em crise, que já não mais conseguem se conter nos lindes do gênero, desprezando o desenvolvimento romanesco habitual em prol de uma contínua dialética irônico-crítica autor-leitor. Depois, será talvez preciso aguardar pelo argentino Macedonio Fernández – *el escritor de la nada*, como o chama César Fernández Moreno –, para se ter uma nova e, de certo modo, ainda mais radical aproximação ao problema. Macedonio como que se recusa programaticamente a escrever (não a distinguir tão-somente entre gêneros, mas a fazer literatura como coisa conclusa), e seus textos – seus *papeles* – são o itinerário arrazoado dessa recusa.

> Por escurrirse espontáneamente de los géneros y especies literarios, o por crear figuras propias, todavía innominadas, resulta un autor difícil, aunque povos quisieron ser menos difíciles que él [...] Es difícil, entre otras cosas, por no ser fácil ubicar sus escritos dentro de las formas delineadas por la preceptiva o por la rutina literaria [...] Su expresión a la vez elíptica y analítica, su texto sin tejido conjuntivo, de modo que a veces si no se lo lee al microscopio puede perderse la ilación o deshojarse la corona de pensamientos que entornan el desarrollo lineal del tema, exije la colaboración no de lectores pasivos sino de lectores tan aventureros como el autor, lectores-coautores.

Assim, Adolfo de Obieta define o empreendimento de eversão dos cânones literários levado adiante com humor metafísico e fantasia irônica pelo autor de *Una Novela Que Comienza*[20].

De Macedonio passamos para Jorge Luis Borges, seu sucessor mais completo, mestre consumado da literatura como metalinguagem e a figura de maior destaque das letras latino-americanas atuais, pela sua projeção e influência universais (inclusive, o que é especialmente significativo, na renovação das técnicas do romance europeu: o *nouveau roman* francês presta-lhe tributo explícito). Para Borges, o "bibliotecário de Babel", não há praticamente diferença entre ensaio e literatura de imaginação, entre suas *inquisiciones* e suas *ficciones*. Temas como o do livro único e anônimo, intemporal, que resume todos os livros e é obra de um só autor, refigurado através das idades – um tema por excelência mallarmeano –, são centrais em sua prosa, de ensaísta ou de ficcionista. É uma obra deliberadamente tautológica, perseguida por *leitmotive*: o labirinto; o jardim de caminhos bifurcados; as ruínas circulares; a redescoberta de precursores por um expediente de anacronia retrospectiva; a decifração da sigla divina inscrita nas manchas de um leopardo; o vislumbre da face momentânea de Deus em um poeta-tradutor (Fitzgerald) cuja suprema perícia só se explica por ser ele uma hipóstase do poeta-traduzido

---

20 "Macedonio Fernández", *Papeles de Macedonio Fernández*, Buenos Aires: Universitaria de Buenos Aires, 1964.

(Ornar Khayyam) etc. Tais motivos podem ser interpretados como uma única e vasta metáfora (é o que Eliot diz da *Divina Commedia*): metáfora sobre a escritura e sobre o escritor, o qual, a um certo momento, é escrito quando pensa estar escrevendo. Paradigmal nesse sentido é um relato como "Examen de la Obra de Herbert Quain" (de *Ficciones*). Conduzido ironicamente em tom de estudo crítico (*in memoriam*), consiste na análise, repassada de argúcia e erudição – com esquemas estruturais e nota de rodapé, inclusive –, da obra de um escritor experimental que jamais existiu (mas que poderia ser o próprio Borges...). É um exemplo, também, do amor borgiano pelo texto breve e de sua busca de um estilo neutro, hialino, de uma precisão e elegância quase impessoais (Borges "se ha esforzado por sutilizar sus mecanismos hasta la invisibilidad", repara Luis Harss em *Los Nuestros*). Um estilo, justamente, que elimina as fronteiras entre a literatura como obra de arte verbal e a crítica como metalinguagem mediadora dessa linguagem-objeto. Eis como esse adversário do barroco, que considera os jogos verbais uma extravagância para jovens (e que chega a sustentar, mesmo, que o espanhol não se presta a invenções linguísticas muito complexas, do tipo joyceano[21], vem a ser, não obstante, por mais um dos seus paradoxos circulares, um alexandrino em domicílio portenho, que prefere às proliferações do estilo barroquista a geometria e a elipse do "maneirismo" (considerado o termo no sentido isentamente técnico que lhe dão Curtius e Hocke).

E assim chegamos a Julio Cortázar, que evolui de um romance ainda costumbrista, *Los Premios* (1960), com brechas de realismo-mágico, para o admirável *Rayuela* (1963). Desta obra diz Luis Harss: "*Rayuela* es la primera novela latinoamericana que se toma a sí misma como su tema central, es decir que se mira en plena metamorfosis, inventándose a cada paso, con la complicidad del lector, que se hace parte del proceso creador."

---

[21] Gabriella Toppani, Intervista con Borges, *Il verri*, Milano, n. 18, 1965.

Além de uma leitura normal (capítulos 1 a 56), *Rayuela* permite uma segunda combinatória de leitura no eixo sintagmático, parecendo, assim, a corporificação daquele livro fictício, *April March*, romance *regresivo y ramificado*, que engendra outros romances, atribuído por Borges à sua personagem-persona Herbert Quain. Octavio Paz, registrando as premonições de Macedonio Fernández, inclui com acerto o livro de Cortázar na família moderna das "obras abertas", assinalando: "*Rayuela* es una invitación a jugar el juego arriesgado de escribir una novela". Há no livro um protagonista aparentemente lateral, o velho escritor Morelli, que tem algo de Poe, de Mallarmé e de Joyce, e que é uma espécie de "portrait of the artist as an old man". Um retrato prospectivo, que repugna ao autor (o qual, como homem fascinado pela prática da vida, e ademais *engagé*, se recusa à ideia de que o mundo exista para acabar num livro), mas, ao mesmo tempo o seduz irremissivelmente. Essa personagem tece, em filigrana, sua teoria revolucionária do romance por entre os demais capítulos e, sobretudo, em contraponto à trama lírico-amoroso-obsessiva que é central em *Rayuela* (o triângulo formado por Oliveira e seu duplo, Traveler, e La Maga/Talita). É a teoria de um "desescritor", que se insurge contra a lógica discursiva da narrativa e a linguagem "literária", que considera superado o "descritivismo" do romance realista ("la música pierde melodía, la pintura pierde anécdota, la novela pierde descripción") e que resume assim o seu projeto de obra: "Mi libro se puede leer como a uno le dé la gana. Liber Fulguralis, hojas mánticas, y así va". Em livros posteriores – em *62: Modelo para Armar* (1968), mas sobretudo nas coletâneas de escritos *La Vuelta al Día en Ochenta Mundos* (1967) e *Último Round* (1969) –, Cortázar parece perseverar naquilo que definiu autoironicamente como "paseítos hamletianos dentro de la estructura misma de lo narrado". Já agora, tal como em Borges, entre ensaio e obra de ficção não resta mais distinção alguma, ambos funcionando como as áleas de um mesmo percurso vivencial e indagativo ("mucho de lo que he escrito se ordena bajo el signo de la *excentricidad*, puesto que entre escribir y vivir nunca admití una clara diferencia"). Em *La Vuelta al Día*, a própria forma física do objeto livro é inovada, com a introdução de um diálogo a três níveis entre o texto, a tipografia e as ilustrações (*o layout*). Em *Último Round*, a influência da paginação do jornal e do simultaneísmo de leitura leva à divisão material do livro em dois segmentos articuláveis (*primer piso* e *planta baja*).

Mas é também importante em Cortázar a abordagem da dimensão metalinguística através da paródia (seja nas dicções das personagens, seja no tratamento de materiais textuais os mais diversos, de informes científicos a memórias estrambóticas de visionários de província). Morelli quer intentar o *roman comique*, como Oswald e Mário de Andrade, cada qual a seu modo, também o fizeram. E já nesta altura, quando a manifestação da paródia no romance deve ser vista como um diálogo de textos ou uma "intertextualidade" (termo que a semióloga Julia Kristeva cunhou com base nos estudos de Mikhail Bakhtin sobre Dostoiévski e Rabelais), não poderíamos deixar de mencionar uma outra obra latino-americana recente, que entra em cheio nesse espaço paródico "dialógico" ou "polifônico" onde os gêneros "elevados" e seus exclusivismos linguísticos se corrompem; onde a literatura é submetida a um profundo processo popularesco de "carnavalização" (Bakhtin). Referimo-nos a *Três Tristes Tigres* (1964), de Guillermo Cabrera Infante, cuja *féerie* verbal (aliada às montagens de palavras do *Altazor* de Huidobro e ao "glíglico" de certas passagens de Cortázar) parece desmentir a descrença borgiana nos pendores lúdicos do idioma castelhano.

Vimos como a irrupção da temática metalinguística produziu, na literatura latino-americana, a contaminação da prosa de ficção pela do ensaio crítico, abalando-se, por mais este flanco, o dogma da "pureza" dos gêneros. Mas percurso semelhante pode também ser rastreado na poesia.

De Oswald de Andrade a Carlos Drummond de Andrade e João Cabral de Melo Neto, no Brasil, de Huidobro a

Octavio Paz e a Nicanor Parra na Hispano-América, desenha-se essa linha do *poema sobre e/ou contra o poema*: do poema como uma mensagem em segunda potência, como um supersigno, cujo significante questiona o significado de sua mensagem primeira (de seu processo mesmo de produção significativa).

Oswald escreve textos como "Biblioteca Nacional", poema consistente na simples enumeração dos títulos de livros encontradiços numa prateleira de estante de província: é o humor metalinguístico, a paródia outra vez. Este mesmo humor, e também a atitude "sério-estética" de raiz mallarmeana (que é a outra face da problemática da metalinguagem), se encontram em Drummond: à segunda atitude o poeta denomina, numa antologia pessoal, "poesia contemplada". Em Cabral, que descende de Drummond, é a própria máquina do poema que é montada e desmontada incessantemente, com uma precisão rigorosa de geômetra (*O Engenheiro*, 1945; *A Psicologia da Composição*, com a "Fábula de Anfion" e a "Antiode", 1947; "Uma Faca só Lâmina", 1955 etc.).

Na América de expressão espanhola, o chileno Huidobro, antecipadoramente, traçava já em 1916 este verdadeiro programa de investigação semiológica do objeto poema:

> Por qué cantáis la rosa, ¡oh, Poetas!
> Hacedla florecer en el poema.

(o brasileiro João Cabral, no fim da década de 1940, diria ainda mais sinteticamente: "flor é a palavra flor"). O polo do humor prevalece nos "antipoemas" (1954) de outro chileno, Nicanor Parra, com seu antilirismo, seu antidecorativismo, sua crítica dos expedientes retóricos, seu despojamento cada vez mais acentuado. Mas é em Octavio Paz que a postura metalinguística vai atingir o seu clímax: primeiro numa breve composição como "Las Palabras" (de *Puerta Condenada*, 1938-48), toda feita de ambiguidade irônica e ferocidade vivencial, naquela "hora de la verdad" em que poeta e poema parecem medir-se reciprocamente as forças. Depois em "Blanco" (1967), poema-desdobrável, visual, de múltipla leitura, onde, a nosso ver, o poeta mexicano chega à culminação de seu itinerário, procurando responder, em termos de sua própria prática poética, à acurada meditação teórica que vinha desenvolvendo em torno do *Un Coup de dés* de Mallarmé e do futuro da poesia (testemunhada pelo belo ensaio "Los Signos en Rotación", 1965)[22].

A Poesia Concreta: O Texto

Pode-se dizer que, contemporaneamente, uma série de manifestações do que se convenciona designar por literatura ultrapassam os contornos tradicionais desse conceito, bem como as ideias categoriais de "poesia" ou "prosa" (para sequer falarmos em "gêneros" e seus exclusivismos linguísticos), apontando para uma concepção nova e mais adequada de *texto*.

O conceito de texto – escreve o filósofo alemão Max Bense – tem um alcance estético mais amplo do que o conceito de literatura. Naturalmente, a literatura é sempre texto e o texto nem sempre é literatura. Ademais, o texto radica muito mais profundamente no horizonte do fazer do que a literatura, não permitindo que se apaguem tão facilmente os vestígios da produção, deixando visíveis as formas ainda inconclusas e as entreformas e revelando as multíplices gradações dos estados de trânsito. Precisamente nessa circunstância reside sua função ampliadora do conceito de literatura.

E acrescenta:

O conceito de estilo é adequado à literatura; o de estrutura, ao texto, vale dizer, no segundo caso a linguagem ingressa, essencialmente, no domínio da Microestética [...] Prosa e poesia são conceitos que caracterizam algo que pode ser feito na linguagem, quando esta já se apresenta pronta, suas formas são conhecidas e

---

22 *El Arco y Lira*, Ciudad de México: Fondo de Cultura Económica, 1967. (Trad. bras.: Os Signos em Rotação, *Signos em Rotação*, p. 95.)

dadas, podendo ser consumidas e gastas. Texto é algo que se faz com a linguagem, de linguagem portanto, mas algo que, ao mesmo tempo, modifica, amplia, aperfeiçoa, rompe ou reduz a linguagem. O texto é sempre uma informação na linguagem sobre a linguagem e somente isto.[23]

E aqui cabe-nos considerar o caso da poesia concreta, justamente uma das formas de produção textual que tem sido, em especial, objeto das reflexões teoréticas de Bense.

O movimento internacional de poesia concreta nasceu nos primeiros anos da década de 1950, pelo trabalho simultâneo, porém independente, do grupo brasileiro "Noigandres" (depois "Invenção"), de São Paulo, e do poeta suíço Eugen Gomringer (nascido em Cachuela Esperanza, na Bolívia, de mãe boliviana). A primeira mostra do movimento, em termos mundiais, foi a brasileira, levada a efeito em 1956, no Museu de Arte Moderna de São Paulo.

Da poesia concreta brasileira disse Octavio Paz, no já mencionado artigo do *Times* londrino: "é impossível encontrar entre os jovens poetas da América hispânica um grupo como de 'Invenção' [...] Em 1920 a vanguarda estava na América hispânica; em 1960, no Brasil.[24]"

A poesia concreta brasileira originou-se de uma meditação crítica de formas. Procurou-se sintetizar e radicalizar as experiências da poesia internacional e nacional. De um lado, havia o exemplo de Mallarmé, com a sua sintaxe visual e o aproveitamento do branco da página; a técnica ideogrâmica de Pound; a teoria do caligrama de Apollinaire ("il faut que notre intelligence s'habitue à comprendre synthético--idéographiquement au lieu de analytico-discursivement"); a palavra-montagem de Joyce; a gesticulação tipográfica de

---

23 Der Begriff Text, *Augenblick*, Darmstadt, n. 3, 1958; *Theorie der Texte*, Koln: Kiepenheuer & Witsch, 1962; Konkrete Poesie (anaesslich des Sonderheftes *Noigandres* zum zehnjaehrígen Bestehen dieser Gruppe fuer Konkrete Poesie in Brasilien), *Spraclie int Teclutischen Zeitalter*, Stuttgart, n. 15, 1965 (trad. bras.: Poesia Concreta: Grupo "Noigrandes", *Pequena Estética*, São Paulo: Perspectiva, 1971, p. 189).

24. Cf. Poesia Latino-Americana?, op. cit. p. 145.

e. e. cummings; as contribuições futuristas e dadaístas. De outro, a poesia "pau-brasil" de Oswald de Andrade, com as suas reduções linguísticas e a sua técnica de montagem, assim como os poemas de João Cabral, com seu rigor construtivo, sua disciplina de engenharia. Mas havia também o cinema (Eisenstein e a teoria ideogramática da montagem), a música de Webern e seus seguidores, as artes plásticas (de Mondrian a Albers e Max Bill e aos pintores concretos do grupo "Ruptura", de São Paulo); e ademais o jornal, o cartaz, a propaganda, o mundo da comunicação não verbal e audiovisual.

Desse entrecruzamento de *media* se alimenta a poesia concreta. Ela se proclama "espácio-temporal" e "verbi-vocovisual" (recorrendo a uma expressão de Joyce). Não apenas o problema dos gêneros, então, é posto em questão, mas o da própria literatura e o da linguagem verbal. Nessa atitude radical, em que todos os parâmetros do poema são submetidos a uma vontade geral de estruturação (o semântico, o tipográfico-visual, o sonoro), há como que "um indício da comunidade básica de todas as artes", para nos valermos do que diz Susanne Langer, quando aborda os problemas do espaço e do tempo na pintura, na música e na literatura:

> O fato de que a ilusão primária de uma arte possa aparecer, como um eco, enquanto ilusão secundária em outra, dá-nos um indício da comunidade básica de todas as artes. [...] A ilusão primária sempre determina a "substância", o caráter real de uma obra de arte, mas a possibilidade de ilusões secundárias dota-a da riqueza, elasticidade e ampla liberdade de criação que fazem com que a verdadeira arte seja tão difícil de conter dentro das malhas da teoria.[25]

No mesmo sentido, observa A.A. Mendilow:

> Na verdade, pode-se quase afirmar que as mais significativas experiências e inovações feitas por pintores, escultores, compositores e romancistas derivam não apenas da exploração total das

---

25. *Feeling and Form*, London: Routledge and Kegan Paul, 1953. (Trad. bras.: *Sentimento e Forma*, São Paulo: Perspectiva, 1979, p. 125.)

qualidades inerentes ao seu instrumento de trabalho, mas, sobretudo, precisamente de suas tentativas em transcendê-lo e introduzir efeitos e ilusões além das estritas capacidades do instrumento limitativo [...] O grau em que isso é realizado poderia talvez servir como um índice do progresso de uma arte de um estágio mais simples para outro mais complexo e mais altamente organizado.[26]

Desbordando voluntariamente do campo da literatura; apresentando seus primeiros manifestos em uma revista de arquitetura; organizando o livro como um objeto visual, inteiramente planejado, uma exposição portátil de ideogramas que funcionam como *kakemonos* japoneses; passando ao poema-cartaz e retomando o exemplo de Maiakóvski, da época do *agit-prop* e das "janelas Rosta"; propondo-se, enfim, uma arte geral da linguagem, a poesia concreta passa a exercer sua influência não apenas na evolução literária, mas, paralelamente, nas técnicas de *layout* e redação do jornal, da revista e do livro, bem como nos textos de publicidade. E como jamais deixou de lado o estrato semântico (jamais se reduziu ao sonorismo ou ao mero letrismo), pôde também se propor problemas de alistamento, ou seja, de uma poesia semanticamente *engagée* e estruturalmente revolucionária, distanciando-se assim do "absenteísmo" e do "purismo" da linha suíça e de outras manifestações europeias do movimento. Acompanhando suas atividades de produção textual de uma intensa elaboração teórica e de um constante e programado trabalho de tradução criativa (que compreende, por exemplo, poemas de Pound, de cummings, fragmentos do *Finnegans Wake* de Joyce, poemas de Maiakóvski e Khliébnikov, de vanguardistas alemães e italianos), os propugnadores do movimento procederam, inclusive, à revisão da literatura brasileira, redescobrindo Sousândrade e revalorizando o modernismo de 1922, combatido pelo "neoparnasianismo" da chamada "Geração de 1945".

Mas o que toca mais de perto ao nosso tema é a repercussão que a poesia concreta, em si mesma e no seu trabalho

---

26 *Time and the Novel*. London: Peter Nevill, 1952.

de revisão da obra de Oswald de Andrade, iria ter num campo aparentemente dela distanciado, o da música popular. Como acontecimento público, pode-se dizer que a reconsideração de Oswald culminou na encenação, em 1967, da peça O *Rei da Vela* (escrita em 1933, publicada em 1937, porém jamais levada ao palco antes), por obra do mais criativo dos diretores teatrais brasileiros, José Celso Martinez Corrêa, e seu grupo "Oficina". Essa encenação produziu um grande impacto sobre os jovens compositores e cantores do chamado "Grupo Baiano", liderados por Caetano Veloso e Gilberto Gil. Sob a impressão da "antropofagia" oswaldiana, na violenta tradução teatral de José Celso, criaram eles a "tropicália". O poeta Augusto de Campos, um dos lançadores do movimento de poesia concreta e, ao mesmo tempo, como crítico de música, aquele que mais se bateu pelo "Grupo Baiano" (tendo mesmo dedicado aos seus componentes grande parte de um livro), escreve:

> Os baianos estão usando uma *metalinguagem* musical, vale dizer, uma linguagem crítica, através da qual estão passando em revista tudo o que se produziu musicalmente no Brasil e no mundo, para criarem conscientemente o novo, em primeira mão. Por isso seus discos são uma *antiantologia* de imprevistos, onde tudo pode acontecer e o ouvinte vai, de choque em choque, redescobrindo tudo e reaprendendo a *"ouvir com ouvidos livres"*, tal como Oswald de Andrade proclamava em seus manifestos: *"ver com olhos livres"*.[27]

Muitas das letras dos "tropicalistas" demonstram afinidades com técnicas e processos da poesia concreta, porém desenvolvidos num sentido eminentemente oral, de vinculação voz-música. Repara ainda Augusto:

> Gil e Caetano reabilitaram um gênero meio morto: a poesia cantada. Os dois compositores têm uma sensibilidade aguda para a *altura* (parâmetro musical que, segundo Ezra Pound, é aquele em que os poetas são menos precisos em geral). Eles atingiram um grande refinamento nessa modalidade de melopeia, nessa arte rara,

[27] *Balanço da Bossa e Outras Bossas*, São Paulo: Perspectiva, 1968, p. 261-262.

que Pound, evocando os trovadores provençais, denomina *motz el son*, isto é, a arte de combinar palavra & som.[28]

Por isto mesmo, os poetas concretos, sem medo do aparente paradoxo que haveria nessa mudança de campo (literatura/música) e também na mudança de faixa (da faixa da produção, ou do consumo restrito – como é o caso da poesia –, para a do consumo de massa, como é o caso da música popular, apresentada através do disco, do *show*, do rádio e da televisão), declaram considerar Caetano o mais importante poeta das gerações mais jovens que se sucederam ao movimento (e não outros poetas "propriamente ditos", epígonos, voluntários ou não, da poesia concreta, e que não trazem a contribuição original do poeta-cantor baiano). Marshall McLuhan mostra a função da máquina de escrever na recuperação do caráter oral da poesia, fazendo o papel funcionar como uma partitura musical para o poeta, que assim pode registrar todas as nuances de sua elocução, com a liberdade de um músico de jazz (e cita nessa conexão os poemas de cummings e a *oral poetry* de Charles Olson). Décio Pignatari, outro membro de "Noigandres", havia assinalado, já em 1950:

> Sinto-me aventurado a acreditar que o poeta fez do papel o seu público, moldando-o à semelhança de seu canto, e lançando mão de todos os recursos gráficos e tipográficos, desde a pontuação até o caligrama, para tentar a transposição do poema oral para o escrito, em todos os seus matizes.[29]

A experiência de Caetano e Gil na música popular brasileira parece dar uma nova dimensão prática a esse mesmo problema, revertendo para a oralidade as técnicas de uma poesia partitural e tipográfica.

Com o caso da poesia concreta rematamos nosso estudo. Realmente, aqui, já se passa dos problemas de uma semiologia restrita (a linguagem verbal e a literatura nela

---

28 Ibidem, p. 292.
29 *Informação. Linguagem. Comunicação,* São Paulo: Perspectiva, 1968.

baseada) para os de uma semiologia ou semiótica geral, onde os caracteres que Jakobson chama "pansemióticos", e que a linguagem verbal partilha com outros sistemas de signos, são metódica e conscientemente explorados.

10. MALLARMÉ NO BRASIL

A influência francesa sobre a literatura brasileira só se manifestou, marcadamente, em nosso romantismo, subsequente à independência do país. No passado colonial, eram os portugueses (Camões, em especial) e os espanhóis (Quevedo, Góngora), mas também os italianos (Petrarca, Marino, Metastásio), que exerciam os influxos mais evidentes.

No romantismo, além de Goethe, Schiller e Heine (Gonçalves Dias, um clássico-romântico, canonicamente considerado a mais importante figura do período, traduziu diretamente do original textos de poesia alemã, entre os quais, com virtuosismo, o irônico *Poséidon*, de Heine); e além dos poetas de língua inglesa (Byron, sobretudo, mas também o americano Longfellow), e menos frequentemente, Leopardi (na poesia de Machado de Assis), os poetas franceses tiveram uma forte presença entre nós. Desde logo, sobressai entre eles Victor Hugo, mas também Lamartine, Musset, Vigny e o prosador-poeta Chateaubriand nutrem nossos vates românticos.

Hugo foi mestre do "condoreiro" Castro Alves, inspirando-lhe o estro fogoso e os versos retoricamente altissonantes, cujo estilo beirava a oratória. No parnasianismo que sucedeu a escola romântica, foram modelos Théophile Gautier, Leconte de Lisle, Banville, Heredia, sobretudo, embora Baudelaire, já lido pelos tardo-românticos (Fontoura Xavier, 1856-1923, e Teófilo Dias, 1857-1889, por exemplo), tenha também "satanizado" muito dos poetas de entressafra, ou seja, do trânsito parnaso-simbolismo, que o traduziram e imitaram. O principal mediador das novidades francesas do período foi um diplomata e poeta menor, Medeiro e Albuquerque (1867-1934), que, em 1887, graças a um amigo parisiense frequentador do círculo de Mallarmé, conseguiu obter notícias e obras dos simbolistas e decadentes, além de, ele próprio, com seus precários recursos, encarregar-se de injetar em nossa poesia em transformação novas doses de Baudelaire (as dessoradas "Canções de Decadência", 1889). A bagagem diplomática de Medeiros e Albuquerque teve, todavia, a utilidade maior de alimentar a curiosidade de Araripe Junior, que passou a acolher com simpatia as manifestações brasileiras das novas tendências (negadas zangadamente, como produto de desrazão, pelo conceituado e conservador José Veríssimo). O "chefe de fila" de nosso simbolismo, o poeta negro Cruz e Souza – morto em 1898, como Mallarmé –, chegou a ser incluído por Roger Bastide (com evidente e generoso exagero, embora o nosso "cisne negro" tenha sido excelente poeta, oscilante entre o parnaso e a escola do símbolo), numa tríade de alcance universal, ao lado dos nomes eminentíssimos de Mallarmé e Stefan George. Mas os poetas mais radicalmente mallarmeanos na linguagem foram o baiano Pedro Kilkerry (1895-1917), também admirador fervoroso de Rimbaud e tradutor de Corbière, precocemente falecido, e o maranhense Maranhão Sobrinho (1897-1915), este último autor do esplêndido soneto "Interlunar", homenagem, arrojadamente tecida de metáforas faiscantes, ao Mestre da Rue de Rome, cujo segundo quarteto traz esta belíssima invocação:

> Veloz como um corcel, voando num mito hircânio,
> tremente, esvai-se a luz no leve oxigênio
> da tarde, que me evoca os olhos de Stefânio
> Mallarmé, sob a unção da tristeza e do gênio.
> (*Papéis Velhos... roídos pelas traças do Símbolo* – 1908)

De Kilkerry, citem-se "Horas Ígneas" e "Harpa Esquisita", ambos de sintaxe requintada e metafórica extremada, nas quais há revérberos tanto rimbaldianos quanto mallarmaicos.

Por outro lado, desconhecendo (ao que tudo indica) a poesia de Mallarmé, foi o longevo Sousândrade (1832-1902), o genial autor de "O Inferno de Wall Street" (1877), romântico de origem, mas excêntrico e "maldito", cultor de Homero, Dante, Shakespeare, Milton e do *Don Juan* de Byron, quem terá escrito em português os mais ousados versos, estilística e sincronicamente à altura do "lampadóforo" *syntaxier* de "L'Angoisse". Confira-se este fragmento, extraído do intrigante poemeto "Novo Éden" (1888-1889, publicado em 1893):

> Co'as alvoradas stava Heleura, vendo:
> Alta amarela estrela brilhantíssima;
> Cadentes sul-meteoros luminosos
> Do mais divino pó de luz; véus ópalos
> Abrindo ao oriente a homérea rododáctila
> Aurora" e ao cristalino firmamento
> *Cygni* – esse par de sóis unidos sempre,
> Invisíveis; e que ela via claros
> Dadas mãos, em suas órbitas eternas
> Qual num lago ideal as belas asas
> Por essa imensidade...

Dos poetas procedentes do modernismo, dos anos de 1920 e 1930, Manuel Bandeira, Oswald de Andrade e Mário de Andrade, Drummond e Murilo Mendes, e mais ainda, nos anos de 1940, o "construtivista" João Cabral de Melo Neto foram todos leitores de Mallarmé. Bandeira dedicou ao *Coup de dés* um notável ensaio interpretativo ("O

Centenário de Stéphane Mallarmé", *De Poetas e de Poesia*, 1945; *O Itinerário de Pasárgada,* 1957). Oswald referiu-se a esse poema-limite a propósito do existencialismo e do tema do "Naufrágio" no ensaio de crítica filosófico-antropofágica, datado de 1950, "Um Aspecto Antropofágico da Cultura Brasileira: O Homem Cordial". Drummond tomou como emblema a palavra-chave *ptix* no mais arrojado poema de seu livro *Lição de Coisas* (1962), o permutatório e irônico "Isso é Aquilo". Cabral adotou na epígrafe de seu livro de estreia, ainda indeciso, mas já premonitório, *Pedra de Sono* (1942), o "vers total" *solitude, récif, étoile* – verdadeiro filosofema da estética mallarmaica (o que lhe valeria uma advertência da parte do então jovem crítico Antonio Candido – em artigo, aliás, elogioso para com o estreante, publicado na *Folha da Manhã*, 13 jun. 1943 – no sentido de evitar o isolamento no hermetismo da "poesia pura" e "aprender os caminhos da vida"). *Solitude, récif, étoile,* ou, como interpreta Jacques Rancière (*Mallarmé: La Politique de la sirène*, 1996), "a travessia solitária, que se afasta do comércio ordinário das palavras, o recife causador de naufrágios e a estrela que o náufrago logra inscrever na superfície vacante e superior. Murilo Mendes reverenciou-o num dos seus "murilogramas". Mário de Andrade inicialmente rejeitou-o, associando-o a Gôngora, no ensaio-manifesto "A Escrava Que Não É Isaura" (1922-1924), proclamando: "É preciso evitar Mallarmé!" Numa segunda e mais amadurecida reflexão, temperou seu juízo negativo inicial, passando a reconhecer a importância da elaboração intelectual na composição poética. Tinha em sua biblioteca o livro de Thibaudet sobre Mallarmé (*La Poésie de Stéphane Mallarmé,* 1913, 1. ed., 1930, 8. ed.), onde as páginas finais, culminantes, do *Coup de dés,* são fotograficamente reproduzidas segundo a edição de 1897 (revista *Cosmopolis*). Procurei demonstrar, em meu livro *Morfologia do Macunaíma* (1973), como o tema sideral e constelar (a Ursa Maior, também figurada, num primeiro pensamento, em termos luminosos de uma *Tour Eiffel* – de Apollinaire? de Huidobro?), pervadiu o epílogo da rapsódia macunaímica, deixando nele indisfarçáveis rastros textuais. Essa hipótese hermenêutica foi acolhida em recente estudo do romanista alemão K. Alfons Knauth, especialista em literatura de vanguarda em âmbito comparativo.

Mas foi com o grupo Noigandres de São Paulo e a poesia concreta dos anos de 1950 e 1960, que a lição mallarmaica – privilegiadamente a do *Coup de dés* – foi programaticamente levada a suas consequências radicais na prática poética. Antes disso, um fato curioso, quase augural. Nos fins da década de 1940, uma editora paulista, Instituto Progresso Editorial S.A., resolveu publicar, exclusivamente em francês, numa série denominada "Collection des Poètes Maudits", textos dos grandes poetas inovadores, como Laforgue, Mallarmé e outros. Na coletânea dedicada ao segundo, figura o *Coup de dés*, com uma particularidade: as frases capitulares, condutoras, são impressas em cintilante amarelo contra a alvura da página tipograficamente espacializada à imitação do céu constelado. A editora não levou muito adiante seu projeto, como parece compreensível, mas nos sebos de rua os jovens poetas paulistanos puderam comprar exemplares do poema a preço irrisório (o livro havia sido editado numa tiragem de quinhentos exemplares, numerados e impressos em Roma, com o seguinte esclarecimento no cólofon: "avec, en plus, l'hermétique et fascinant poème en prose *Un Coup de dés jamais n'abolira le hasard,* selon la version définitive de l'auteur au moment de sa mort").

Com os poetas concretos de São Paulo, Mallarmé, considerado "O Dante da Idade Industrial", passou a ser o nome-chave (ao lado de Joyce, Pound, cummings e do "pai antropófago" Oswald de Andrade) do *paideuma* da nova poesia espácio-temporal, "verbivocovisual". Comecei a traduzir e a publicar fragmentos comentados do *Coup de dés*, já em 1958. O texto completo dessa minha primeira "transcriação" foi estampado em 1974[1], num volume bilíngue,

---

1 Cf. A. de Campos; D. Pignatari; H. de Campos, *Mallarmé*, São Paulo: Perspectiva, p. 149-173.

acompanhado de glosas hermenêuticas; de uma seleção de alguns dos mais difíceis sonetos e poemas curtos do mestre, recriados por Augusto de Campos; de uma "tridução" de "L'Après midi d'un faune" por Décio Pignatari (vale dizer, um jogo de três diferentes traduções do mesmo desafiador texto francês, em triálogo inter-e-intra textual"); tudo isso completado por um conjunto de ensaios, que apontam o papel fundamental de Mallarmé e de seu poema-partitura. Em relação a Baudelaire (o poeta moderno por excelência segundo W. Benjamin), mas que ainda respeitava a estrutura tradicional e se regia pela métrica de Racine e Victor Hugo, clausurando-se de preferência na forma fechada do soneto, Mallarmé com seu *Coup de dés*, de 1897, estilhaçando a sintaxe e a métrica no branco da página, já é pós-moderno. Ainda que vivamos um especial momento "pós-utópico", em termos de prática da poética do presente, desvinculada da vis normativa, característica dos surtos de vanguarda rebelionária, voltados para a programação do futuro, penso que habitamos – continuamos a habitar – o espaço escritural inaugurado pelo poema constelar de Mallarmé, campo de possibilidades que – como problemática e como "nutrimento do impulso" – está longe de se exaurir.

BIBLIOGRAFIA

Nota Bibliográfica da Primeira Edição

Os trabalhos aqui incluídos, revistos e coordenados especialmente para sua republicação no âmbito deste livro, foram publicados em primeira redação na seguinte conformidade:

1. Texto e História, versão para o italiano publicada originalmente com o título Avanguardia e sincronia nella letteratura brasiliana odierna, *Aut Ant,* Milão, n. 109-110, 1969 (data expressa: dezembro, 1967).

2. O Texto-Espelho, publicado originalmente com o título Edgar Allan Poe: Uma Engenharia de Avessos, *Colóquio/Letras,* Lisboa, n. 3, set. 1971 (escrito em Austin, fev.-mar. 1971).

3. O Texto Como Produção, publicado originalmente com o título Maiakóvski em Português: Roteiro de uma Tradução, *Revista do Livro,* Rio de Janeiro, Ano VI, n. 23-24, jul.-dez. 1961.

4. O Texto como Descomunicação, publicado originalmente com o título Poemas de Hölderlin, *O Estado de S.Paulo,* Suplemento Literário, São Paulo, 31 out. 1970.

5. *Diábolos* no Texto, publicado originalmente com o título: O Lance de Dados de Saussure (I e II), *O Estado de S.Paulo*, Suplemento Literário, São Paulo, 26 jul. 1969 (I) e 2 ago. 1969 (II).

6. Hagoromo: Plumas Para o Texto, publicado originalmente com o título "Nô: Hagoromo", *Correio Paulistano*, Invenção (supl.), 20 mar. 1960.

7. Do Texto Macarrônico ao Permutacional, publicado originalmente com o título A Voz Violenta (I e II), *O Estado de S.Paulo*, Suplemento Literário, 11 jan. 1964(I) e 18 jan. 1964 (II).

8. Uma Arquitextura do Barroco, publicado originalmente com o título Barroco em Trânsito, *O Estado de S.Paulo*, Suplemento, 28 mar. 1971.

Textos Acrescentados Nesta Edição

9. Ruptura dos Gêneros na Literatura Latino-Americana: publicado originalmente, em castelhano, em César Fernández Moreno(coord.), *America Latina en su Literatura*, Cidade do México: Unesco, 1972. (*América Latina em Sua Literatura*, São Paulo: Perspectiva, 1979.)

10. Mallarmé no Brasil, publicado originalmente com o título Mallarmé Continua a Influenciar Poetas Brasileiros, *O Estado de S.Paulo*, 26 set. 1998.

HAROLDO DE CAMPOS NA PERSPECTIVA

A Arte no Horizonte do Provável (D016)

A ReOperação do Texto (D134)

Metalinguagem e Outras Metas (D247)

Morfologia do Macunaíma (E019)

Ruptura dos Gêneros na América Latina (EL06)

Panaroma do Finnegans Wake (S01)
   [com Augusto de Campos]

Mallarmé (S02)
   [com Augusto de Campos e Décio Pignatari]

Xadrez de Estrelas (S04)

Signantia Quase Coelum: Signância Quase Céu (S07)

Deus e o Diabo no Fausto de Goethe (S09)

Maiakóvski: Poemas (S10)
   [com Boris Schnaiderman e Augusto de Campos]

Qohélet / O-Que-Sabe – Eclesiastes (S13)

Bere'Shith: A Cena da Origem (S16)

Crisantempo (S24)

Poesia Russa Moderna (S33)
   [com Boris Schnaiderman e Augusto de Campos]

Re Visão de Sousândrade (S34)
   [com Augusto de Campos]

Éden: Um Tríptico Bíblico (S38)

Céu Acima: Para um "Tombeau" de Haroldo de Campos (S45)
   [Leda Tenório da Motta, organização]

Entremilênios (S48)

Este livro foi impresso na cidade de São Bernardo do Campo,
nas oficinas da Paym Gráfica e Editora, em junho de 2013,
para a Editora Perspectiva.